U0153082
古老的印度，帶著鮮活妝容在新世紀強勢崛起。
巨象奔跑步伐震撼全球，介於中間值的戰略思維邏輯，
讓她於世界兩極陣營間左右逢源，但也教國際強權們左右爲難。

序言

走進印度地緣政治現場

文／林奇伯

觀察印度地緣政治，必須從「外部國際環境」與「內部社會結構」雙重角度來看，才能全面理解。印度是個充滿矛盾的奇異國度，她在新世紀以強權之姿崛起，不只因緣際會得利於中美對抗，以核武為後盾確立國際關鍵地位；她也憑藉著人口紅利和內需市場，在百廢待舉中獲得國際企業青睞。

疫後的世界，全球經濟前景並不樂觀，但各界惟看好印度。外資產業鏈大舉退出中國，改對「印度製造」投下信任票，印度經濟充滿向上氛圍。自二〇一四年莫迪當選總理後，印度從世界第十大經濟體，逐步躍升為第五大經濟體；二〇二三年印度成為世界人口第一大國，莫迪更矢言要讓印度在二〇二七年變身世界第三大經濟體，緊追中國和美國。

然而，崛起中的印度也潛藏多重隱憂，內外交迫，危機不容小覷。從執政的印度人民黨啓動正名運動，想將國號改為「婆羅多」（Bharat）就可看出端倪。

「婆羅多」一詞源自印度教神話，在史詩《摩訶婆羅多》中代表了英雄的名字。印度開國之初未單獨選用「婆羅多」，而是以更具包容性的「印度」來框架境內

地緣政治 印度新強權

經濟×活力×碰撞
在全球劇變中左右逢源，又令人左右為難

Geopolitics: India

多元宗教與種族，是建國者的智慧。但如今，印度教至上的民族主義意識型態抬頭，讓周遭伊斯蘭國家與境內非印度教族群大爲緊張，「戰南北」氣氛濃郁。

印度的地緣政治格局本來就是「戰南北」。在北邊的印巴、印中邊界，衝突氛圍緊繃如弓弦；在南邊，印度力抗中國「珍珠鏈戰略」包圍，設法握有印度洋航道控制權，可見南北地緣戰線都緊繃。同時，印度境內也在「戰南北」，政治核心的北方政壇與經濟火車頭的南方社會，思維無法完全一致，對峙氛圍之激烈非台灣社會「戰南北」可比。印度「戰南北」的張力，也延伸到貧富懸殊、城鄉差距、環境惡化、婦女人權、宗教爭議、恐怖主義等面向。

印度與台灣都符合「邊緣地帶」理論

印度與台灣在地緣政治上的處境十分相似，地理位置都符合地緣政治學「邊緣地帶」理論，人人爭逐。台印也面臨相同的「地緣天敵」中國，因而在新世紀的「印太戰略」中有了連結性。不過，台灣和印度只有二．五小時時差，但彼此心理距離卻相當遙遠。台灣企業和人才該怎麼做才能搭上陌生的印度經濟列車？印度移工即將來台，社會將激盪出什麼樣的火花？

印度太多元繽紛了，有別於《地緣政治 Vol.1 ：島鏈風雲》著重地圖的戰略幾何圖形，《地緣政治：印度新強權》更強調現場畫面感。本書帶有聲音、嗅覺與味覺效果的豐富圖片，將帶領讀者進入陌生又眞實的印度地緣政治現場。

兩極印度，為國際社會帶來新格局，也在新世紀全球政壇中走出自己的新局面。

3 全解印度密碼

4 換位思考，各國眼中的印度

5 當代印度現場

6 名家銳眼看印度 171

7 台灣的觀點可以是 191

莫迪領導的印度人民黨，
帶有傳統印度教民族主義意識型態，
也反映了最大族群印度教徒的政治熱情。
二〇二四年是印度大選年，
莫迪挑戰第三屆連任。

1 秒懂
印度地緣政治

印度次大陸的地緣政治特色舉世罕見。天然地形介於中間值，讓印度擁有如棋盤象斜著走的本錢與邏輯。

在地圖上看，印度北倚喜馬拉雅山，南控印度洋航路，符合「邊緣地帶理論」所述的關鍵地緣，而且這個國家既可以是陸權，也可以是海權，或是海陸兩權兼具。

新世紀的印度為何可以在國際舞台上左右逢源，又讓各大強權左右為難？從六大地緣政治特色入手，即可秒懂印度重塑世界新秩序的玄機。

印度地緣戰略現況

一條珍珠鏈，三個擁核國家，一個衝突火藥庫

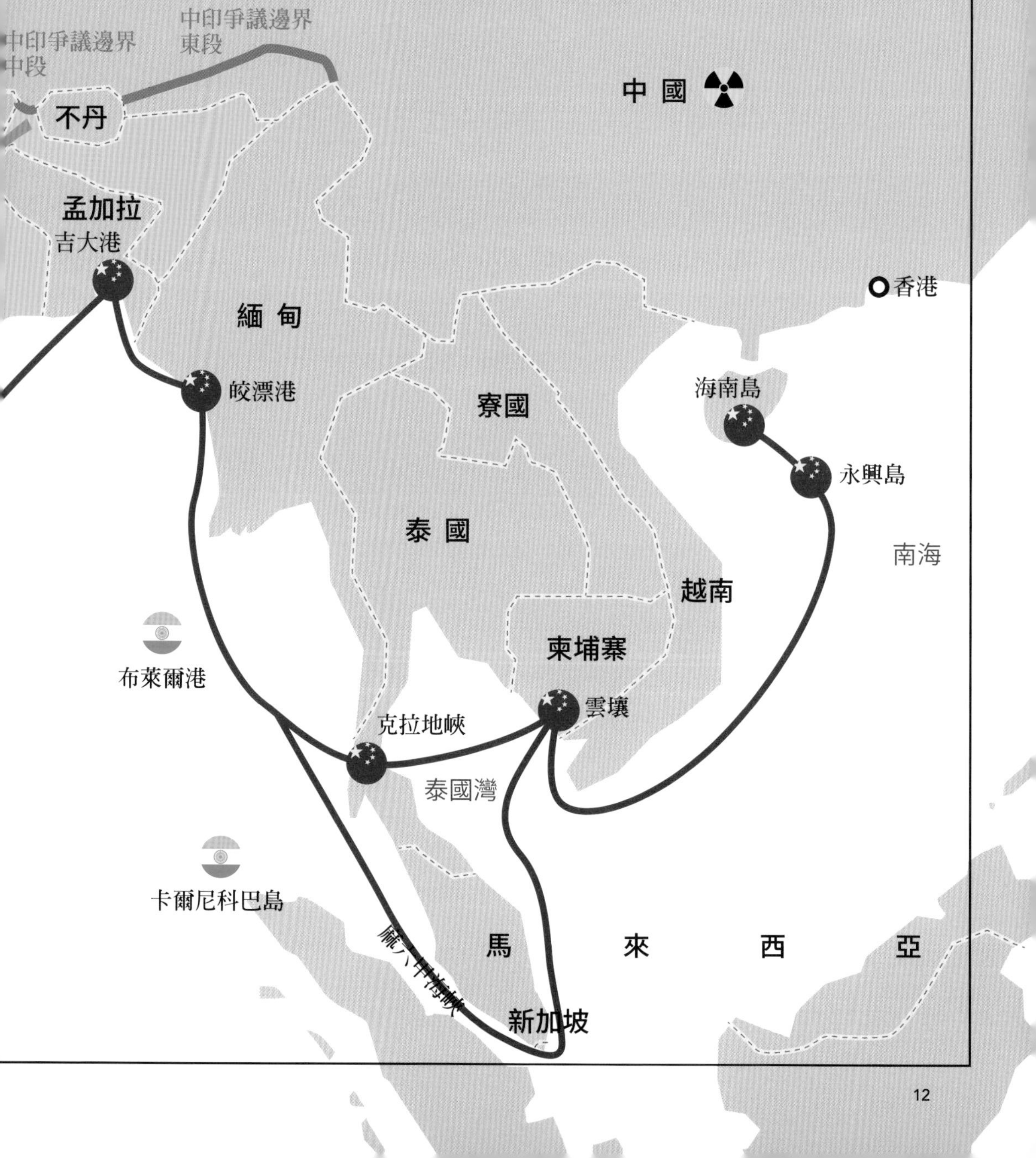

中印爭議邊界中段

中印爭議邊界東段

中國

不丹

孟加拉

吉大港

緬甸

皎漂港

寮國

香港

海南島

永興島

泰國

南海

越南

布萊爾港

柬埔寨

雲壤

克拉地峽

泰國灣

卡爾尼科巴島

麻六甲海峽

馬來西亞

新加坡

喀什米爾火藥庫

分為印控、中控、巴控三個部分

戰略功能：
喀什米爾多數居民為穆斯林，被印、巴、中三國切成三塊，長久以來是三國邊境爭議熱點，有火藥庫的稱號。

珍珠鏈戰略

串聯海南島、永興島、雲壤、克拉地峽、皎漂港、吉大港、漢班托塔港、可倫坡、馬爾地夫、喀拉蚩、瓜達爾港等港口

戰略功能：
由印度學界所提出的概念，認為中國利用租借或興建外國港灣建設的方式，從中國海南島，一路往南，繞過印度所有海岸線區域，如珍珠鏈條般包圍印度。

擁核國家

印度、中國、巴基斯坦

戰略功能：
印、中、巴三國互為彼此的地緣天敵，也都是擁核國家，在邊境長期衝突情勢下，維持核武恐怖平衡。

巴控喀什米爾
中控喀什米爾
印控喀什米爾
中印爭議邊界西段
巴基斯坦
尼泊爾
瓜達爾港
喀拉蚩
阿拉伯海
雞脖子
西里古里走廊
印 度
孟買
加爾各答
邦加羅爾
清奈
孟加
斯里蘭卡
科摩林角
可倫坡
漢班托塔港
馬爾地夫
印度洋

印度新強權崛起，扭轉地緣遊戲規則

古老的國家，靈活的智慧，印度新強權崛起。理解印度地緣政治，即理解新舊世界局勢的轉捩點，是台灣人踏入時代序幕的絕佳路徑。

文／林俊宇

印度崛起，斜走的巨象

印度新強權崛起，就像一隻從遠古奔向新時代的巨象，每個步伐都震撼全球地緣政治板塊，讓印度在各大強權間左右逢源，也讓強權們左右爲難。

印度是一個古老的國度，擁有古老的智慧，在天然環境、國家體制、地緣布局、外交戰略、經濟發展等不同面向上，都採取特殊的「介於中間」思維，如同棋盤上斜著走的「象」，世界必須買單她的新邏輯。

在天然地理環境上，印度擁有世上少有的中間值地形，被稱爲「次大陸之國」。意思是，印度既像大陸，又不是大陸，既是東西方交流的橋梁，又因高山與海洋阻隔，遺世而獨立。北倚喜馬拉雅山，南控印度洋航路，既可以是陸權，也可以是海權，或是海陸兩權兼具的國家。（見62頁）

在國家體制上，印度採取的是左右並濟做法，獨樹一幟。雖是民主國家，卻在憲法中規定：印度是「社會主義」、「世俗的」、「民主共和國」。也就是，

名詞解說

社會主義（Socialism）

相對於「資本主義」的學說，有多種流派。社會主義主張社會共有制，生產資源為社會共有，政府在調配時擁有較高的控制權力。

位於孟買的「印度門」，過去是英國殖民地官員進入英屬印度儀式的入口，今天則成為印度扼守南亞重要航道的象徵。由於動見觀瞻的地理優勢，也成為印度境內恐怖組織覬覦的焦點。

印度並非實施「歐美模式」的民主制度，而是有自成一格的計畫性經濟，以及在種姓制度與民族主義氛圍下的印度普選民主。而計畫經濟到莫迪（Narendra Modi）當總理後才取消。

冷戰時期，印度採取「不結盟」策略，不在美蘇兩大陣營選邊站，但因憲法明定是**「社會主義」**（Socialism）國家，印度和蘇聯之間有了合作的基礎默契，每當國際形勢變得困難和不確定時，印俄兩國都會堅決站在對方這邊，展現反對孤立的企圖。蘇聯曾在聯合國多次動用否決權支持印度，印度近期也數次在聯合國針對俄羅斯的烏克蘭戰爭決議中投了棄權票。（見 105 頁）

從命運接受者，化身地緣政治塑造者

在地緣位置上，印度也拿到一手好牌，她既能當每個國家的朋友，也可以只做自己。

印度能在新世紀崛起，無論在國際關係或經濟發展上，均得利於地緣政治優勢。她位於歐亞大陸南側，北臨中國，靠近中東和東南亞，角色關鍵，符合國際關係「邊緣

地帶理論」（Rimland Theory）**的說法——「誰掌握邊緣地帶，就掌握了歐亞大陸」**。因此，大航海時代之後，這塊南亞大陸就一直是列強的競逐點。但到了二十世紀印度獨立之後，她開始發現自己可以化被動爲主動，掌握「邊緣地帶」角色，反過來左右歐亞大陸的權力天秤走勢。（見24頁）

雖然印度必須面對中國與巴基斯坦兩大天敵，但天敵反而成爲印度擴張影響力的助益。尤其近年中國發展「一帶一路」戰略，從南北兩面包抄印度，讓印度不得不調整外交策略，從過去消極的「東望政策」，改爲積極的「東進政策」，甚至加入美日印澳「四方安全對話」（Quad），與太平洋島鏈串聯在一起，以弧形地帶圍住中國，讓「印太戰略」概念成形。此舉也讓印度正式化身印太地緣政治的塑造者。

過去「亞太」與「印度洋、南亞」是不同的兩個地緣區域，直至二〇〇六年日本前首相安倍晉三與前外相麻生太郎倡議「自由與繁榮之弧」（Arc of Freedom and Prosperity）構想，二〇一二年十二月，日本前首相安倍晉三再提出「亞洲民主安全之鑽」（Asia's Democratic Security Diamond）構想，加上美國亟欲阻擋中國陸權出海，「印太」才變成被綁在一起的地緣政治概念；而這個概念也正好符合更大範圍的「邊緣地帶」戰略——從印度洋往東南方繞到東北亞，把歐亞大陸東側強權中國從海面整個圍住。（見32頁）

此外，印度也積極往西走。二〇二一年**美國從阿富汗撤軍**之後，印度遞補「看

名詞解說

美國從阿富汗撤軍

二〇〇一年，美國和盟軍以逮捕奧薩瑪．賓．拉登為由，進駐阿富汗，並與阿富汗蓋達組織及塔利班爆發戰爭，是美軍二十一世紀系列反恐行動的一環。二〇二〇年，美國和塔利班簽署《為阿富汗帶來和平的協議》，二〇二一年，美軍正式撤出阿富汗。美國在建構「印太戰略」時，曾希望印度協助重建美軍撤出後的阿富汗新秩序。

印度憲法明定印度是社會主義民主共和國，境內仍存在勢力龐大的印度共產黨。南部工業發達的喀拉拉邦就是由印度共產黨執政。圖為位於喀拉拉邦的印度共產黨民主青年聯合會（DYFI）會議中心，門口貼滿古巴傳奇英雄切．格瓦拉的海報。

門」；基於石油能源需求強烈，印度主動與中東海灣國家建立關係。

往南，印度積極耕耘自身在南太平洋和印尼的勢力，不只表態協助馬爾地夫償還積欠中國債務，換取印度軍隊長期駐守馬爾地夫，還宣布投資印尼蘇門答臘北部的沙璜港與經濟特區。

印度等於在地緣上東西兩面伸開臂膀，南北兩向展開身軀，達到前所未有的地緣政治廣度。

巧妙走索，誰也得不到印度情人

外界看印度外交策略，總會覺得矛盾。印度本來是「不結盟國家」的發起國，現在卻到處結盟，看似改變了策略。不過反過來看，印度和美國、中國、俄羅斯、全球南方國家都交往了，每一邊都有關係，都好來好去，也就維持了不單靠往哪一邊的「不結盟」調性，成爲全新的「變種不結盟」。

「變種不結盟」下的印度，把棋盤象斜著走的邏輯走得更加淋漓盡致。

在中國方面，中國與印度一路從北邊喜馬拉雅山、南部海上絲綢之路，鬥到南太平洋，甚至屢屢在邊境發生衝突事件。但在這場「龍象之爭」中，中國仍希望透過「上海合作組織」、「金磚國家」峰會等國際架構和印度維持微妙聯繫。

在俄羅斯方面，雖然印度加入美國主導的「印太」聯盟，卻基於印俄間長久以來的軍事與經濟友誼，與在西方陣營因**俄烏戰爭**圍堵俄羅斯的背景下，仍能得到除外條款，成爲美日印澳「四方安全對話」中唯一不被禁止從俄羅斯進口石油、購買飛彈的國家。（見105頁）

在美中俄日方面，都想和印度當盟友，卻得不到印度全方位的保證。印度這種能讓「敵人」與「敵人的敵人」都和她變成「朋友」的本事，到底是怎麼形成的？爲什麼美中俄日都想得到印度這個情人，卻又都得容忍她到處好來好去？在本書的細部分析中可以得到解答。（見94頁）

迎接最風光年代，「AI」新詮釋

印度巧妙遊走於各大陣營間，二〇二三年可說是來到最風光的年份，步伐也從小跑步轉向衝刺。

在人口議題上，二〇二三年印度人口超越中國，居全球之冠。各界均看好「人口紅利」所帶來的龐大勞動力量能和內需市場。

名詞解說

俄烏戰爭

俄國的侵略時間可回溯到二〇一四年，但一般俄烏戰爭是指二〇二二年二月俄羅斯對烏克蘭發動的全面入侵。

俄烏戰爭是二戰後歐洲最大規模的戰爭。歐美國家為制裁俄羅斯，對俄羅斯石油和天然氣出口採取多種限制措施，印度則持續從俄羅斯進口石油。

印度登月

二〇二三年八月二十三日，印度的「月船三號」月球探測器著陸月球表面，成為第四個登月成功的國家。這次登月目的是探索「水冰」是否存在。由於這是人類首次登陸月球南極，且整個行動花費遠遠低於其他國家，印度從此被視為「太空新強權」。

印度人口超過14億，舉世皆看好人口紅利所帶來的勞動力量能與內需市場。

在「去風險化」考量下，國際企業逐漸捨棄中國製造基地，把供應鏈移往印度，蘋果、三星、亞馬遜等企業大舉湧入投資，等於是對印度的未來投下充滿信心的一票，現在「印度製造」的口號喊得比「中國製造」還響。（見144頁）

印度的科技實力也讓世人驚艷。

二〇二三年八月，**印度成功登陸月球，成爲繼美俄中三國之後，第四個成功登月的國家**。印度登月成功時，總理莫迪正好在南非參加「金磚國家」（BRICS）峰會，他特別在視訊中揮舞印度國旗，開心向全世界表示「這正是嶄新的印度發出了勝利之聲」。

印度自詡爲全球南方與「不結盟」國家之首，也積極爭取成爲聯合國常任理事國，登月成功正是印度新強權崛起的最佳象徵與證明。莫迪的視訊成爲印度崛起最強而有力的宣示。

另外，在全球最熱門的AI領域，印度不但沒缺席，莫迪還給了「AI」全新的政治與經濟詮釋。

二〇二三年六月，莫迪赴美國進行國是訪問，向美國國會兩院聯席會議發表談話時，他舉了一個妙喻：就如

同「AI」人工智慧近年來有許多突破進展一樣，另外一個「AI」，也就是美國（America）和印度（India）兩國關係近年來也取得重大發展。

政治與經濟的兩張「AI」王牌，讓印度地位更加確立。第一張AI王牌，是莫迪自己說的美國與印度（America & India）合作，在戰略上得到美國的經濟投資與國防挹注。第二張AI王牌則是印度龐大科技人才群體，基礎建設的弱項反而提供更多創新議題，讓人工智慧、機器學習、區塊鏈和物聯網等顛覆性技術快速翻新。（見145頁）

名詞解說

輝達（Nvidia）
以設計和銷售圖形處理器（GPU）為主的半導體公司，生產世界上最強大的GPU。GPU適合高速運算，在AI人工智慧爆炸性發展之際，商機看好。

風光背後，貧窮社會底氣

另外，二〇二三年印度輪值「二十大工業國」（G20）主席國，峰會於九月在新德里召開，不只讓印度穩坐「全球南方」代言人寶座，峰會期間首相莫迪也與繪圖晶片大廠**輝達**（Nvidia）執行長黃仁勳會面，討論AI產業在印度發展的潛力。輝達宣布與印度信實工業集團（Reliance Industries Limited, RIL）和塔塔集團（Tata Group）建立夥伴關係，開發AI應用、雲端基礎建設和語言模型等合作。整個印度的政治與經濟利多，在峰會期間推升到最高點。

然而，崛起中的印度卻也面對國家史上矛盾最多的時刻，開始被國際社會放大檢視她百廢待舉的地緣與國家議題，並懷疑印度這隻大象可能只是「虛胖」，通往超級大國的道路仍充滿複雜的挑戰。

印度宗教多元，種姓制度依然約束人們的日常生活，再加上印巴邊境衝突不斷，讓整個社會像是個馬賽克拼圖，多姿多采，但也不穩定。圖為印度教婦女在印度神廟前梳妝。

其中最受矚目的是「軟硬體基礎建設落後」、「社會議題難解」、「依賴外部資源」等三大主障礙。

世人狐疑，世界第四個登月科技大國何以面臨廁所嚴重不足的窘境，爲何便溺糞水會汙染水源、工業廢水會直接排放進河川，進而導致每年有數萬名兒童因飲用水不潔淨而腹瀉死亡。印度的貧窮社會底氣可能讓她不足以接得住從中國釋放出來的產業鏈。

還有，地緣政治與宗教衝突帶來的恐怖組織議題，也讓社會充滿不確定性。過去印度英迪拉．甘地和拉吉夫．甘地兩位總理遭刺殺的陰霾揮之不去；孟買、德里、喀什米爾等地都遭遇過大規模恐怖攻擊行動。（見160頁）

台印該如何建立關係？地緣政治是解答

無論如何，印度的未來仍被看好，世界各國爭相和她交朋友，跨國企業躍躍欲試，台灣在地理位置上和印度相隔不遠，時差只有二．五小時。只是，全球掀起印度熱的此

刻，爲何台灣的政府、企業和人才，多少都有一種力不從心的感慨？印度適合台灣企業投資嗎？人才適合前往印度一闖嗎？政治和軍事上，台印有什麼合作的可能性？

其實，印度的地緣政治處境，就像是台灣的對照鏡。台印在國土邊界上面臨相似困擾。中國軍隊不斷在印度邊界實際控制線內製造小衝突，猶如機艦侵擾台海中線的翻版，意圖在模糊此灰色地帶，最後讓它不復存在。

面對中國進逼，印度以什麼方法回應？巨象在西邊牽制中國，巨龍從東邊出海就會有顧慮？（見185頁）

近年，台灣已經在印度新德里、清奈、孟買設立三個官方據點，兩國間也一直低調進行著情報交換；台印更傳出簽署**移工合作備忘錄**的好消息，未來台灣產業可望有更多印度移工加入生產線，台灣人可從日常生活中建立熟悉感，化解心理上的隔閡。（見212頁）

新冷戰，島鏈和次大陸串成一線。在印度象的狂奔中，就從秒懂印度地緣政治特色開始，逐步推進，理解印度何以在全球劇變中左右逢源，又令各大強權左右爲難。

名詞解說

移工合作備忘錄

兩個國家在引進和開放移工時，會簽訂移工合作備忘錄，規範行業數額、移工資格條件、雙邊法規調適及引進作業流程等配套措施。一般也會明定，移工必須有當地國行為良好證明（無犯罪紀錄），始能申請工作簽證。

印度與台灣在地理位置上距離不遠，但社會對彼此的文化熟悉度卻非常不足。若開放移工來台，飲食是必須克服的一大重點。圖為印度街頭的獨特咖哩糊小吃 Pao Bhaji。

印度關鍵地緣特色

文／陶雨融

特色1

次大陸之國，微妙的世界邊緣地帶

北倚喜馬拉雅山，南控印度洋航路

印度在地緣政治上擁有「邊緣地帶」與「次大陸」兩大特質。

印度位於歐亞大陸南側，北臨中國，靠近中東和東南亞，地理位置關鍵，符合國際關係**「邊緣地帶理論」**（Rimland Theory）的說法——「誰掌握邊緣地帶，就掌握了歐亞大陸」，因此這塊南亞大陸一直是列強的競逐點。

曾經殖民或占領印度的國家，包括葡萄牙、英國、法國、荷蘭、丹麥、日本（二戰時短暫占領過安達曼－尼科巴群島），都是來自海上的強國。在殖民地時期，英國把印度當作是從南亞往北、往東競逐的根據地。

但印度領土又夠大，被稱爲「次大陸之國」，北有喜馬拉雅山作爲屏障，有效阻擋中國和俄羅斯南下；東西南三側被孟加拉灣、印度洋、阿拉伯海等海洋圍繞，具有位在大陸外側的地理獨立性和分量感。

在冷戰時期，印度利用地緣獨立性，得以發起「不結盟運動」，獨立於美蘇陣營之外。

在當代，印度有本錢可與列強保持若即若離關係，甚至左右逢源，一面充當「印太戰略」的關鍵參與者；一面又加入中國發起的「上海合作組織」，扮演斡

名詞解說

邊緣地帶理論(Rimland Theory)

美國地緣政治學家尼可拉斯．斯皮克曼（Nicholas Spykman）提出的國際關係理論。他認為「只要誰控制了邊緣地區，就控制歐亞大陸；控制歐亞大陸，等於掌握著世界的命運。」位於歐亞大陸南側的印度符合斯皮克曼邊緣地帶理論的說法。

從美國國家航空暨太空總署（NASA）的地形圖資料上，可以清楚看出印度位於歐亞大陸邊緣地帶的次大陸樣貌，北方有喜馬拉雅山天險，三面被海洋包圍。

旋與制衡角色。

遼闊的海岸線在印度洋具戰略位置

印度在地緣上的天敵主要是中國，以及同樣從英國殖民地獨立出來的巴基斯坦。俄羅斯則因爲喜馬拉雅山阻隔，南下尋找不凍港出海口的路徑必須繞道高山，穿越阿富汗及巴基斯坦，所以俄羅斯反而成爲巴基斯坦的地緣天敵，和印度得以形成合作的默契。

另外，印度擁有廣闊的海岸線，並在印度洋中具有戰略位置，使得印度的海洋利益包括了資源、能源運輸和海上貿易路線。印度參與印度洋地區的多邊合作，以確保海上安全和國家利益。近年來，印度積極參與東南亞及南亞合作組織，以保持區域領導地位。

特色2 地緣天敵從「東西包夾」變成「南北夾攻」

與印度接壤的國家多，但只有巴基斯坦和中國是印度顯著的地緣天敵，其他小國家必須在印中巴三個國家間選邊站。

印巴衝突缺乏緩衝地帶

印度與巴基斯坦之間沒有天險阻擋，也缺乏**緩衝地帶**，兩國又存在著喀什米爾領土爭議，戰爭往往一觸即發，印巴獨立至今已發生過三次大規模戰爭與多次零星衝突。

印巴雖都曾經是大英帝國的殖民地，種族、語言及風俗相近，但宗教是難以消解的歧異。

巴基斯坦爲穆斯林獨立國家，印度憲法雖明定是「世俗」國家，對宗教信仰採取中立與開放的態度，但因境內人口有近八成是印度教徒，和穆斯林之間常有爭議。因此，喀什米爾的領土爭議與印度內部的宗教衝突，很容易就直接引爆成爲兩國外交議題。

此外，印度河是印巴兩國共同仰賴的水資源，雖然一九六〇年兩國已簽訂《印度河水條約》，但是水資源使用爭議仍偶爾會引發雙邊關係緊張。

名詞解說

緩衝地帶

每個國家的領土都有疆界，由交界雙方議定，分為天然疆界與人為疆界兩種形式。

在地緣政治實務上，相鄰的兩個國家會設法在疆界周邊建立「緩衝地帶」（或稱緩衝區），讓彼此跨越疆界有難度；或是當其中一方想侵略、擴張領土時，另一方不至於措手不及。最典型的天然緩衝地帶是印度和中國交界處的喜馬拉雅山脈。

中國海上絲路從海上如珍珠鏈般包抄印度，印度的海洋戰略布局愈形重要。圖為印度最南端的科摩林角，海潮洶湧，遊客喜歡到這裡觀看日出。

中國南北夾攻

中國一直是印度的對手。印度與中國之間有西藏、錫金、不丹爲緩衝區，所以邊界衝突集中在山區。受到山勢阻隔，中印軍事走火一直未釀成重大衝突。

中印兩國擁有共同邊界大約兩千公里，領土爭議總面積超過十二萬平方公里，爭議區域分西段、中段和東段三部分，惟因多數位在喜馬拉雅山區，雙方各執主張，難有共識。

讓印度較爲頭疼的是，近年中國的「一帶一路」（The Belt and Road Initiative, B&R）戰略發展迅速，在印度北邊有長達三千公里的「中巴經濟走廊」，南邊又租借斯里蘭卡港口形成「珍珠鏈戰略」，這讓印度在地緣上面臨中國南北包夾的壓力，所以印度也和以美日澳爲首的「印太戰略」陣營愈走愈近，亞洲政策也從過去保守的「東望政策」轉爲積極的「東進政策」。

特色3 敵人的敵人是朋友：美中俄日都想保持友好關係

喜馬拉雅山脈，造就印度地緣格局

喜馬拉雅山脈天險造就了印度獨特的地緣政治條件，也決定了她在國際關係中左右逢源的格局。

在印俄關係上，美國靠巴基斯坦圍堵俄羅斯南下，俄羅斯試圖繞過喜馬拉雅山取道巴基斯坦，因此巴基斯坦與俄羅斯爲敵。敵人的敵人是朋友，印俄注定有合作的空間。

印度與俄羅斯自前蘇聯時期開始就保持數十年的良好關係，印度的軍武甚至很大部分購自莫斯科。

印度夾在中巴兩個擁核對手之間，對俄羅斯軍武依賴就更爲堅實，不會輕易在國際上與俄羅斯決裂。即使俄烏戰爭開打，印度也不太願意直接批評侵略行動，甚至持續從俄羅斯進口石油。

美俄都注定無法得到印度全然的承諾

在印美關係上，印度南控中國海上絲綢之路的要津，美國和印度都把中國當作地緣政治競爭者，美日依賴印度在圍堵中國陣營中表態。敵人的敵人是朋友，

名詞解說　喜馬拉雅山脈

全球海拔最高的山脈，具有「分隔」和「分享」兩種地緣功能。

該山脈橫亙在印度、中國、巴基斯坦、尼泊爾、不丹等多國邊境，是地緣政治上的天險，「分隔」各國。

印度河、恆河、雅魯藏布江、布拉馬普特拉河都發源於喜馬拉雅山脈，如何有效「分享」與控制水資源，也是該區域首要議題。

喜馬拉雅山脈造就印度地緣政治的基本格局，俄羅斯無法取道印度南下，反而形成印俄友好的局面。圖為喜馬拉雅山中印邊境附近的印度村莊。

有了中國這個共同的天敵，印度與美英日各國也充滿合作可能，但是要合作，美國就得容忍印度和俄羅斯之間的友好關係。

因此即使印度已加入有「亞洲版小北約」之稱的美日印澳「四方安全對話」（Quadrilateral Security Dialogue, Quad），美日陣營也只能對印度親俄立場保持尊重。

印度從冷戰時期就奉行「不結盟」政策，宣稱不參與大國之間的對抗，長期以來，已形塑出遊走在強權之間的巧妙智慧，也讓印度在關鍵時刻成爲各方爭取的對象。

俄羅斯想要印度這個朋友，但得不到印度全然的保證；美國想要印度這個情人，卻必須坐視印度與俄羅斯眉來眼去。最後，美俄都注定無法得到印度全然的承諾，印度也得以左右逢源，並繼續讓美國與俄羅斯左右爲難。

特色4 奇形的國土，馬賽克的文化

內部複雜度，不亞於地緣政治分歧度

千百年來不同的時期，在目前的印度境內由不同的王國和帝國所統治，種族、語言、文化和宗教都相當多元。

在英國殖民之前，歷史上只有「蒙兀兒帝國」（Mughal Empire）曾經幾乎征服整個次大陸，印度眞正的國家認同感是從英國殖民統治下爭取獨立時才正式形成；再加上印度境內的地理特色也十分多元，有高山、平原、沙漠、高原等，甚至國土形狀在東北邊還出現奇特的西里古里走廊「雞脖子」樣貌。

印度國家組成實在太多樣而複雜，因此也被稱爲是「奇形的國土，馬賽克的文化」。

在語言上，單單印度承認的官方語言就有二十二種，另外還包含數百種區域性語言和方言。境內各邦通常按語言劃分，以適應這種多樣性。

在宗教上，印度是印度教、佛教、耆那教、錫克教的發源地，境內也有爲數龐大的穆斯林和基督徒人口，整個國家被稱呼爲「宗教博物館」。

在社會結構上，印度民間仍普遍維持著獨特的種姓制度，根據歷史職業和社會地位，將人們分爲不同的社會群體。

名詞解說

印度憲法

印度於一九四七年獨立，一九四九年由制憲會議通過憲法，一九五〇年一月二十六日正式生效。因為境內文化太過多元，最初的憲法版本長達三百九十五個條文，還外加附表。

印度社會與文化多元性與分歧度大，憲法試圖兜攏各種族群，卻仍解決不了內在爭議，近年印度教獨大議題愈發嚴重，造成境內伊斯蘭武裝組織愈加活躍。圖為印度象神節活動。

世界最長的憲法兜攏多元性

為了把所有的馬賽克兜攏成一幅完整的國家圖像，印度在建國時，制定出一部全世界最長的憲法。**印度憲法**強調自己是世俗主義國家，保障公民的正義、平等和自由，要促進人民的博愛團結，並表列各種部落和阿薩姆邦、梅加拉亞邦、特里普拉邦等部落地區的相關條款。但實際治理起來，仍舊解決不了社會上的種姓歧視、不平等，以及異質宗教間的矛盾。

印度內部組成複雜度，不亞於地緣政治的分歧度。印度在與巴基斯坦、孟加拉、不丹、緬甸、中國、斯里蘭卡等鄰國的邊境地帶，居民文化和鄰國多所重疊，特質也不一定和次大陸占多數的人口族群相符合，因此印度在處理邊邊角角的國家地緣角力和領土爭議時，難度也就特別高。

特色5 新冷戰角力場：珍珠鏈vs鑽石網

印中包抄對方，搶占咽喉點

當代影響印度最重要的兩個國際戰略當屬「珍珠鏈」和「鑽石網」。

「珍珠鏈」是中國「一帶一路」海上絲綢之路行經印度的路段；「鑽石網」是指「印太戰略」中的「四方安全對話」。這兩個鏈與網並非地理上的天然邊界，而是人為戰略在地圖上畫出的幾何圖形。

「珍珠鏈戰略」（String of Pearls Strategy）一詞首次出現是在二〇〇五年曝光的美國五角大廈報告《亞洲的能源未來》。中國海軍以巴基斯坦的瓜達爾港（Gwadar）、斯里蘭卡的漢班托塔港（Hambantota）等「珍珠」串成鏈，從南邊包抄印度，讓中國這個地緣天敵從北方邊境糾紛，延伸到印度次大陸東西南三側，也就是中國的勢力從四面八方將印度包圍。

在中共國家主席習近平於二〇一四年宣布推動「一帶一路」戰略後，此戰略被外界視為「珍珠鏈戰略」再進化。中國透過取得港口和機場經營權，東起緬甸，經過孟加拉、斯里蘭卡、馬爾地夫，到巴基斯坦，不只意圖突破能源運輸的「麻六甲困境」，還以商帶軍，對印度進行包圍。

面對中國的威脅，印度加入「鑽石網戰略」陣營，即美日印澳「四方安全對

名詞解說

咽喉點（Choke Point）

掐住地緣政治咽喉的地點。通常是海峽或運河通道，地理位置特殊，航道狹小，只要使用少量兵力就可以寡擊眾。

全球貿易有八成到九成是透過海運，海洋的重要性超過它的面積占比，每個國家都會盡其所能保護咽喉點，維持貨物和石油能源運輸線暢通。

中國在巴基斯坦瓜達爾港取得突破，將珍珠鏈鎖得更緊，印度備感壓力。

話」。

從地圖上來看，若把這四個國家連線起來，就會像是一顆菱形鑽石，等於是太平洋島鏈防線往西延伸到印度洋，圍成一道海洋弧線，回頭包抄中國。印度積極致力於鑽石網的網絡穩定，爲了對抗中國在巴基斯坦瓜達爾港和非洲吉布地共和國吉布地港口（Djibouti）取得的進展，印度在阿曼港口加大力道，掌握波斯灣的進出口暢通。由於印度與阿曼友好，印度海軍可以進入嚴控阿拉伯海和印度洋的港口**咽喉點**（Choke Point）。

另外，印度於二〇一七年與新加坡簽署協議，印度海軍可以完全進入樟宜海軍基地。

二〇一八年，與前法屬島國塞席爾（Seychelles）簽署協議，開發阿桑普申島（Assumption Island）用於軍事用途；同年，印度也和印尼合作共同開發麻六甲海峽入口處的印度洋戰略要塞沙璜港（Sabang）。

特色6

核武：印度地緣政治底牌，晉身強權的後盾

地緣競爭成就印度強權基底

印度和巴基斯坦是地緣天敵，競相發展核武，形成「核武恐怖平衡」。與天敵的競爭動力也讓印度擁有晉身強權大國的條件，在「南方國家」和「不結盟運動」扮演領導者，並積極爭取成為聯合國常任理事國。

印巴兩國都聲稱發展核武是為了自衛和戰略平衡。

印度正式宣布成功完成**核試驗**（Nuclear Test）是在一九九八年，隨後巴基斯坦也取得核武突破，劍拔弩張的印巴雙雙成為擁核國家，為南亞罩上一層陰影。但是對比朝鮮半島上北韓不時以核武恫嚇，印巴雙方對於動用核武仍相當克制。

印度未承諾「不首先使用」核武

然而，核武競賽也顯露出南亞的軍備競賽加劇了該地區的緊張和不穩定性。印度的核試驗算是「偷跑」，並非在聯合國《核武禁擴條約》（NPT）的框架進行，此舉削弱了全球不擴散努力的可信度。

簡單來說，《核武禁擴條約》是防止核武器擴散、促進和平利用核能方面合作，以及進一步實現全球核裁軍和全面徹底裁軍的目標，條約於一九六八年開放簽

名詞解說

核試驗（Nuclear Test）

即「核試爆」。發展核武必須經過試爆的程序，驗證核裝置是否可有效引爆、核威力、核性能、破壞力等。為了防止核武擴散、全球核競賽失控，一九九六年，聯合國大會通過《全面禁止核試驗條約》，但仍有印度、巴基斯坦和北韓三個國家進行核試驗。

署，並於一九七〇年三月五日生效。

根據《核武禁擴條約》，無核武器締約國承諾不製造或以其他方式獲取核武器與其他核爆炸裝置等。

除此之外，印度的核武器政策傳統上並未承諾「不首先使用」政策，這意味著印度保留在某些情況下率先使用核武器的選項。而這也引發了外界對印度在戰爭中可能先發制擊的擔憂。在核戰威脅下，印度與巴基斯坦的核武競爭，仍爲區域乃至全球帶來緊張。

印度成為擁核國後，等於拿到晉身強權、與美俄中平起平坐的門票。圖為 2016 年印度總理莫迪（左二）與前美國總統歐巴馬（左一）在華府舉辦的核安高峰會上聚首。

印度在總理莫迪的帶領下，在國際外交舞台上左右逢源。

印度是亞洲最早開通火車的國家

印度的基礎建設發展甚早，英國從十九世紀前葉就戮力發展殖民地印度的鐵路網，讓印度成爲亞洲最早開通火車的地區，總里程甚至曾經領先全亞。

這張漢斯沃思（Harmsworth）百科全書的老地圖顯示，在 1920 年代，印度鐵路網已密布全境，並依不同地理環境及用途需求，分爲寬、中、窄三種軌道。印度天然地形多元而複雜，包含高原、沙漠、高山、平原等等，在 1920 年代就能建設如此綿密鐵路網，實屬不易。

可惜的是，印度交通建設雖領先在起跑點上，卻未能與時俱進，今日印度投資前景看好，「軟硬體基礎建設落後」卻是讓國際企業決定是否投資的主要猶豫點。

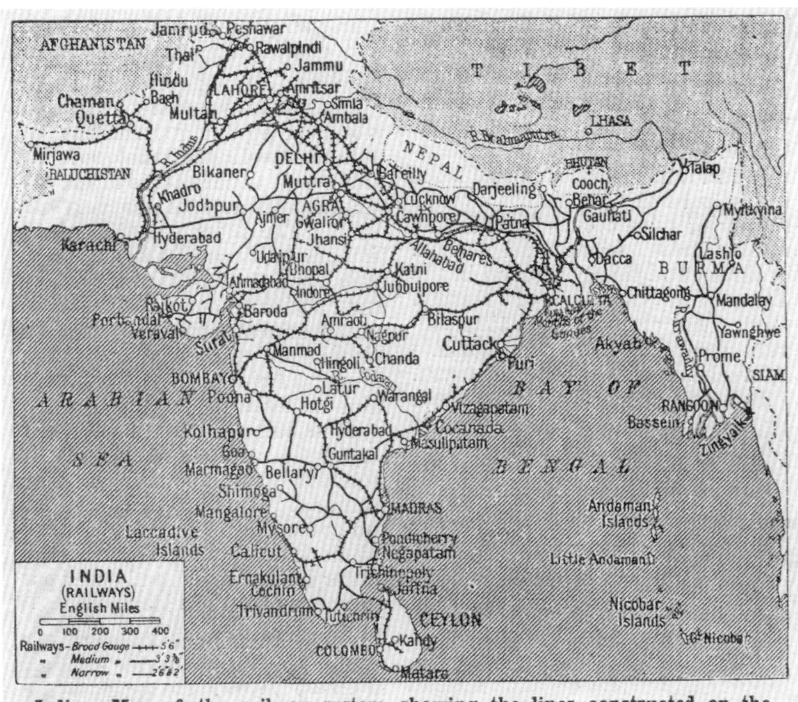

India. Map of the railway system showing the lines constructed on the three gauges

2 印度歷史：多采文明，多元衝突

印度，神祕複雜的國家，因英國殖民而成形，因地緣爭議而紛亂。

獨立之後的印度琢磨出獨特智慧，走在衝突與平衡兩極的鋼索上；與地緣天敵中、巴兩國劍拔弩張，對周邊小國沒在客氣，同時又左右逢源於美俄之間。

在中美對抗、新冷戰成形之際，印度在印太戰略中扮演關鍵角色，成為各國都想得到又得不到的情人。

印度次大陸地緣政治史

印度絕非南亞次大陸上的神祕隱士，她有一種獨特的智慧，可以遊走在衝突與平衡兩極的鋼索上，與中國對壘，與美俄交好。

文／柯筆辰

印度是神祕而複雜的國家。她是人類歷史最古老的文明之一，但獨立建國的時間僅僅七十六年。

從印度的地理位置可以很清楚看出，她和中國跟巴基斯坦之間模糊的邊界，注定要長久糾纏。

從印巴關係來看，她們原先都是英國殖民地，但各自獨立後，因宗教信仰歧異與邊界爭議，使得兩國變成彼此的地緣天敵，各自的建國史也是一系列的相互對抗史。

冷戰期間，印度與巴基斯坦發生過三次戰爭，巴基斯坦爲了全力應對印度的威脅，偏廢了經濟發展；印度不願放手喀什米爾導致長期受到伊斯蘭恐怖組織威脅。印巴兩國劍拔弩張，甚至走到研發核武器，形成核恐怖平衡的地步。

中國則是另一個讓印度頭痛的鄰居，中國與印度兩國都試圖在國境建立緩衝區，從西藏到錫金、不丹、尼泊爾，一路都有兩國出手爭奪或分贓妥協的痕跡。

尤其西藏與錫金，因爲印中兩國的角力，曾長期處在妾身未明的狀態，獨立建國運動也未曾休止。而過去的爭奪與分贓，也埋下複雜難解的兩國邊界與勢力範圍議題。

但値得注意的是，中國西擴的動作幾十年來沒有停過，印度對周邊小國也沒在客氣。印中這兩個擁有核武器的強國，面對彼此的衝突卻總是小心翼翼，連軍隊在邊境爆發衝突，都是以拳腳開戰，而未動用到毀滅性武器。

印度絕非南亞次大陸上的神祕隱士。在地緣政治上，她看似痲煩處處，但在國際舞台上，她卻一直掌握著獨特的套路，讓世界強權都極力拉攏她加入陣營。

要了解印度這個奇特的國度，一切可以從英國殖民開始說起。

錫金（Sikkim）曾是英國殖民的土邦，後來成為印度的保護國，但 1975 年印度正式將錫金併入國家版圖，中國則直到 2003 年才承認印度擁有錫金。

印度地緣政治歷史連走

文／柯筆辰

1 「英國殖民」與「甘地不合作運動」

印度是人類歷史最古老的古文明之一，然而自古以來，印度有很長時期都處於分裂且混亂的狀態，領土疆域也和現代印度不同。在獨立建國之前，北以喜馬拉雅山爲界、西至印度河、東至若開山脈的印度次大陸，在地緣政治概念上，其實包含了不丹、印度、尼泊爾、孟加拉和巴基斯坦等地。

西元五百年左右，中國處於魏晉南北朝分裂時代，歐洲亦正値西羅馬帝國滅亡，此時的印度也進入了長達近千年的渾沌時代。

直到西元一五二六年，成吉思汗的後裔巴布爾自阿富汗南下入侵，攻占德里，建立**「蒙兀兒帝國」**（Mughal Empire），成爲印度史上最強盛的王朝，並帶來伊斯蘭教文化，與印度教文化共存共榮。

不過，這個王朝仍逃不過大航海時代巨輪的輾壓，一七五七年英國透過東印度公司逐漸掌控整個印度，蒙兀兒帝國成爲英國傀儡，一八五八年英國建立英屬印度（British India）殖民統治區域，直接統治印度，蒙兀兒帝國正式滅亡，維多利亞女王也成爲印度女王。

名詞解說

蒙兀兒帝國（Mughal Empire）

成吉思汗和帖木兒的後裔巴布爾（Zahir-din Muhammad Babur）於一五二六至一八五八年所建。領土在全盛時期含括印度次大陸、阿富汗等地，以波斯語為官方語言，領導階層信仰伊斯蘭教。一七五七年後，遭大英帝國東印度公司掌控。一八五八年，英國流放蒙兀兒帝國皇帝，建立英屬印度（British India）殖民地，正式名稱定為印度帝國（Indian Empire）。

被譽為「世界七大奇景」之一的泰姬瑪哈陵，是蒙兀兒帝國留下的璀璨印記。

英國殖民印度期間，政府和印度人民衝突不斷，激發了甘地（Mahatma Gandhi）領導的「不合作運動」，透過非暴力形式進行抗議，不斷發出印度人民自治請願聲音，同時也凝聚了內部共識。

有趣的是，面對印度如此廣大的疆域，英國採取了「抓大放小」策略，僅實質控制「大邦」，對其他超過五百個小型「土邦」的治理皆沿用舊制的半自治政策，只要口頭承認女皇爲最高統治者即可。由於英國在大邦主要地區推行新式教育和政治理念，因此也培養出甘地、尼赫魯（Jawaharlal Nehru）等地方菁英，領導印度走向獨立。

一九二四年，甘地成爲印度國民大會黨主席，開始積極投入印度獨立運動，反抗英國統治，最後在一九四七年，趁著二次世界大戰後，英國鞭長莫及，印度正式獨立建國，成立自主的現代政府，不過印度次大陸的混亂也正開始。

2 讓印巴分治的「蒙巴頓方案」

在英國殖民後期，隨著甘地領導的國民大會黨逐漸壯大，印度穆斯林社群開始擔憂印度教的勢力過大會犧牲穆斯林權益，所以開始出現分離主義思想，並且在一九三〇年的穆斯林聯盟大會上正式提出「西北印度穆斯林國」的概念，也形成後來巴基斯坦的雛型。

在多方試圖調解無效後，一九四七年三月，英屬印度末代總督路易斯．蒙巴頓（Louis Mountbatten）抵達印度就任，他的唯一使命就是在該年年底前完成政權轉移。起初，蒙巴頓打算調停印度教與穆斯林的紛爭，但他在短短十天之內就決定不再試圖調停，改而火速提出「蒙巴頓方案」（Mountbatten Plan）讓印巴分治。蒙巴頓將西北部**旁遮普**（Punjab）以西的省份和東部的孟加拉地區，劃歸巴基斯坦伊斯蘭共和國，其餘地區和土邦屬於印度共和國，並訂於該年八月十四日和十五日，兩國正式獨立。

既然正式獨立，就要劃分邊界，而充滿爭議的地方就是被一分爲二的西部旁遮普，和東邊的孟加拉地區。在這些區域內的許多地方，有不同宗教信仰的人混雜居住，當「邊界」劃定這件事從天而降時，被劃分到巴基斯坦和孟加拉地區的印度教徒和錫克教徒，幾乎只有幾天的時間可以搬離。相對地，在印度境內的穆斯林也倉促逃往巴基斯坦。

名詞解說

旁遮普（Punjab）

又譯為「彭加」，位在印度和巴基斯坦之間，印度河中上游支流地區，歷史上曾是印度次大陸文化中心。主要民族為旁遮普人，使用旁遮普語，但信仰分為錫克教、印度教、伊斯蘭教。印巴分治後，也被劃分為「東旁遮普」和「西旁遮普」兩個地區，分別隸屬於印度和巴基斯坦。

不結盟運動（Non-Aligned Movement）

前印度總理尼赫魯在一九五四年提出的概念，在冷戰期間選擇不與美蘇兩大強權的任何一方結盟，藉以不捲入冷戰紛爭。這個思維吸引了埃及、南非等一百二十個國家跟進和加入。「不結盟」運動國家將目標放在反殖民主義、民族獨立自主、消弭貧窮和經濟發展。

錫克教發源於旁遮普地區，蓄髮鬚、戴頭巾帽是男教徒的基本裝扮。

根據統計，在這段期間有上千萬人流動，其中可能多達三百萬人就此失蹤或死亡。

歷史因緣加上分裂時的混亂，帶來印巴兩國長期對立，發生多次戰爭，東巴基斯坦在印度協助下，於一九七一年通過獨立戰爭脫離巴基斯坦，成立孟加拉共和國。至此，當前印度次大陸的政治版圖正式成形。

3 「不結盟」政策與沉默的印度

印度自從獨立後，印度總理尼赫魯對國際事務採取「**不結盟運動**」（Non-Aligned Movement）策略，讓印度在二次世界大戰後的美蘇兩極對峙冷戰格局中，形成一個獨特的存在。「不結盟」策略也吸引許多國家認同與採納，爲的是要避免被捲入冷戰大國的經濟、政治和軍事紛爭。

冷戰時期，德國、韓國、越南等國都因爲美蘇對抗而分裂。如今回頭再看，選擇「不結盟」的印度，從一九四七年獨立建國至今，都不曾爲了「盟友」而捲入紛爭。無論

大小衝突，只要不發生在印度周邊，印度從來不會主動發聲。從兩伊戰爭、巴勒斯坦事件、波斯灣戰爭到俄烏戰爭，印度總是保持沉默。

這種旁觀者的態度讓許多國家失望，卻讓印度得以保持中立的角色，並在大國對峙中保持自主性。以最敏感的國防議題爲例，印度的主要軍購來源，分別是俄羅斯和以色列，並同時擁有美國和俄羅斯製造的武器，全球少見。

儘管如此，國際間仍常認爲印度與俄羅斯的關係比較好，因爲在印度和巴基斯坦的衝突中，美國更支持巴基斯坦，而蘇聯則支持印度；不過又因爲「不結盟」策略，當印度與中國發生衝突時，印度完全不需要看俄羅斯的臉色。

4 印巴恩怨：不同信仰的兄弟鬩牆

在一九四七年印度和巴基斯坦獨立之前，兩國人民都是英國殖民下的印度人，雙方共同努力促成印度獨立，最後卻因信仰不同而分裂爲兩個國家。信仰印度教的印度和信奉伊斯蘭教的巴基斯坦，從建國之初就血濺四方，接下來又爲了爭奪**喀什米爾**（Kashmir）的控制權，兵戎相見。

喀什米爾位於印巴之間，不僅戰略位置重要，也擁有豐富的自然資源，包括農產、天然氣，以及舉世聞名的羊毛，印巴雙方皆十分重視。於是，在印巴建國的兩個月後，一九四七年十月雙方軍隊馬上進駐喀什米爾，爆發「第一次印巴戰

名詞解說

喀什米爾（Kashmir）

位於青藏高原西側與南亞北邊交接地帶，分別由印巴中三國控制，並以印巴控制線和中印控制線來劃分。

印度控制區域：占近半面積，成立「查謨－喀什米爾邦」，曾被印度憲法第三百七十條賦予自己擁有憲法、旗幟和行政自治權的特殊地位。但二〇一九年八月，在該區恐怖攻擊事件增加後，印度總理莫迪宣布廢除憲法第三百七十條，等於取消了該區的自治地位，引發示威活動。

巴基斯坦控制區域：分別為自由喀什米爾、吉爾吉特－巴爾蒂斯坦。

中國控制區域：分別為阿克賽欽、喀喇崑崙走廊、中控巴里加斯。但中國不承認這些地區屬於喀什米爾地區。

印度在喀什米爾佐吉拉山口設立戰爭紀念館，為印巴戰爭留下印記。

爭」（又稱「喀什米爾戰爭」）。

一九四八年，在聯合國介入調停下，印巴雙方分割喀什米爾，各自擁有控制區，期間仍不斷發生小規模衝突。一九六五年雙方再次爆發大規模戰爭，也就是「第二次印巴戰爭」。這次不僅聯合國安理會出面要求停火，美蘇兩國也發揮影響力，讓印巴雙方簽署停戰協議。

除了領土問題之外，印巴雙方也因爲水資源短缺、宗教矛盾和族群意識而產生紛爭。儘管印度採取「不結盟」策略，巴基斯坦卻積極與英美合作，希望取得對抗共產主義陣營的資源支持，但此舉讓蘇聯更積極支持印度。

在簽訂停火協議後不到六年，一九七一年印巴雙方又再度爲了孟加拉獨立事件爆發戰爭。

5 第三次印巴戰爭：孟加拉獨立戰爭

孟加拉獨立戰爭的遠因是一九四七年印巴分治時期所種下。

分別位於印度東西兩端的伊斯蘭教徒居住地，雖然同爲穆斯林，但兩地相隔將近兩千公里，位於東巴基斯坦的人民，在種族上多數屬於孟加拉人（Bengali），在獨立之後他們開始擔憂政治權力落在西巴基

斯坦的少數派手上，導致資源分配不均，而逐漸產生嫌隙。

一九七〇年，波拉颶風登陸東巴基斯坦，災害造成五十萬人死亡，民眾認為巴基斯坦政府疏於救災，行動緩慢，才會導致死亡人數暴增。隨後巴基斯坦舉行獨立後首次總統大選，東巴基斯坦雖然面積小但人口眾多，在民怨之下，選票集中火力，使得東巴基斯坦主要政黨「人民聯盟」勝選，取得議會絕對多數，準備主導內閣。

但是，當時的巴基斯坦總統**葉海亞・汗**（Yahya Khan）拒絕交出政權，甚至武力鎮壓反對民眾，造成數十萬人死亡，數百萬孟加拉難民逃向印度求救。

敵人的敵人就是朋友，劇變當前，一九七一年印度決定出兵，協助孟加拉人反攻，也就是「第三次印巴戰爭」，戰事歷經九個月，最終印度將巴基斯坦部隊全面擊潰，孟加拉人得以返回故鄉，並獨立建國。

6 印中紛爭起源：拉薩事件

印巴衝突雖然死傷慘重，但仍然是區域型事件，而中國與印度之間的紛爭，則是隨時可能會失控升級的國際衝突。這兩個十億級人口國家之間的邊界問題複雜多端，其中一個核心爭議就在西藏。

在一九一一到一九五〇年之間，西藏實質上在英國支持下屬於獨立狀態，隨

名詞解說

葉海亞・汗（Yahya Khan）

曾於一九六九至一九七一年間擔任巴基斯坦總統。在他兩年任內，發生三件影響國際政局的大事，分別為第三次印巴戰爭、孟加拉獨立、擔任美中兩國傳信者，最後促成美國總統尼克森訪問中國。孟加拉獨立是葉海亞・汗被迫下台的主因。

達旺（Tawang）

位於印度、中國和不丹之間的山區地帶，也是中印邊界爭議所在，目前由印度實際控制。印度將該區劃歸阿魯納查邦達旺縣管轄；中國則將其劃為西藏自治區山南市錯那縣。

孟加拉人以自己的國旗為榮，每年國慶日製造商會製作國旗販賣，供民眾慶祝。孟加拉是在印度發動第三次印巴戰爭後，終於在 1971 年宣布脫離巴基斯坦獨立，實現建國夢。

後中國解放軍開進西藏，雙方簽訂《十七條協議》，保證西藏在達賴喇嘛領導下逐步轉型社會主義。

印度建國後，總理尼赫魯起初支持中國統治西藏，希望換取中國在兩國邊界上的讓步，但終究未能實現。此時西藏許多地區開始發生對中國統治者的武裝反抗，印度就和美國共同暗中支持反對者，藉此削減中國對西藏的控制力。這樣的情勢結果導致了一九五九年的「拉薩事件」。

短短九年，中國統治者與西藏人民之間因爲糧食、宗教和土地問題，不斷累積摩擦，就在此時爆發嚴重衝突。當時，解放軍邀請達賴喇嘛前往軍區觀禮，卻不允許武裝護衛陪同，讓西藏民間盛傳達賴喇嘛將被綁架或暗殺，引發民眾聚集示威抗議，親中派地方官員在混亂中被殺，地方政府也被人民議會取代。解放軍隨即進攻，西藏民兵潰敗，達賴喇嘛與八萬名西藏人逃亡至印度控制的**達旺**（Tawang）地區，成爲流亡政府，釀下至今仍無法解開的中印西藏纏結。

雖然中國在「拉薩事件」後全面控制西藏，但「西藏牌」也自此成爲印度處理中國關係時最常使用的談判籌碼，尤其是在面對兩國之間長達兩千公里的邊界問題時。

7 印中紛爭：既然打不完，至少別擴大

位於印度北邊、西藏和新疆交界處的阿克賽欽地區，一直以來是中印邊界主要紛爭區之一。中國解放軍在全面控制西藏後，印度認爲中國已經取得了廣大土地和政治成果，不會再糾結於兩國邊界。在總理尼赫魯的「前進政策」（Forward Policy）下，要求軍方趁著中國統治西藏的時機，擴大對爭議區的土地控制範圍。**然而對中國來說，統治西藏不過是恢復「固有疆域」，此時才是要處理邊界問題的時候。一九六二年，中國在此處修建公路，雙方短兵相接，終於爆發衝突。戰爭爲期一個月，印度軍死傷慘重後，暫時停火，但對邊界問題沒有任何定論，只是加劇了雙方的不信任。**

中印邊界爭端從此持續了六十年，至今尚未平息。除了當年大英帝國留下的爭議外，雙方在西藏問題、邊界基礎建設問題和天然資源爭奪上，處處埋下導火線。在國際政治也是，當印度採取「不結盟」路線時，中國和蘇聯則希望建立「共產國際」，在冷戰對峙中不表態的印度，也讓中國難以完全信任。

名詞解說

前進政策（Forward Policy）

「拉薩事件」後，中國積極將邊界軍事化，加深印度的邊境壓力。一九六一年，印度總理尼赫魯做出「前進政策」指示，盡可能在印度承認的邊界進行巡邏和建立更多前哨基地，阻止中國持續推進，並有效迫使中國離開印度聲稱擁有主權的領土。中國則將印度的「前進政策」詮釋為一九六二年中印邊境戰爭的起因。

有趣的是，雙方雖然衝突不斷，卻非常「務實」克制。一九九六年，既然衝突無法消除，雙方簽訂協議，禁止在邊界使用槍枝與炸藥。二〇二〇年，這項協議眞的生效，兩軍在加勒萬河谷對打，卻沒有開火，完全使用拳腳跟棍棒，即便如此，依然造成數十人死亡。

達旺是藏傳佛教的聖地，也是達賴喇嘛出走西藏安全抵達印度的地點。達賴喇嘛曾說，每次訪問達旺都讓他心情非常激動。

印度首任總理尼赫魯（右二）提出的前進政策、「不結盟」策略，皆影響印度外交與戰略方向甚鉅。

8 對周邊小國沒在客氣

印中衝突難以平息，起因在於邊界模糊，但就算有了清楚邊界，也未必能安穩過日子。鄰近中國和印度邊界的小國，最懂這種痛苦。

位於印度東北邊的錫金（Sikkim），北鄰中國，東靠不丹，西邊尼泊爾，南側印度，在英國殖民時代是總督管轄的土邦，後來成為印度的保護國，但一九七五年印度軍解散錫金王國衛隊，正式將錫金納入版圖，成為一個邦。

中國自然不樂見，始終拒絕承認錫金屬於印度。直到二〇〇三年，中印總理會談後，中國才成為世界上最後一個承認印度擁有錫金主權的國家，藉以換取印度承認西藏屬於中國。民族自決，不過是大國外交談判桌上的籌碼。

「幸福國家」不丹（Bhutan），同樣是英國管轄的保護國，印度獨立建國後就與不丹簽署《永久和平條約》，保持不丹國家主權獨立，但是軍事、外交必須接受印度指導。不丹雖然是聯合國會員，卻與安理會常任理事國無外交關係，一切都要透過印度大使館。作為印度最堅定的盟友，不丹是中國所有鄰國裡，唯一沒有和中國正式建交的國家，且直至二〇二三年底，中不兩國才罕見出現「建交」的積極訊息。

儘管印度對鄰國態度強勢，但尼泊爾卻是特例，即便在英國統治印度時期，尼泊爾也沒有成為英國殖民地，反而和英國結盟保持形式上獨立。印度獨立建國

名詞解說

一帶一路
(The Belt and Road Initiative, B&R)

中國二〇一三年的總體戰略布局策略，包含陸上的「絲綢之路經濟帶」和海上的「二十一世紀海上絲綢之路」，是中國打造大國外交的核心戰略，意欲藉由經濟實力，為中國軍事勢力擴張預先鋪路。

錫金位於喜馬拉雅山南麓，山間彎曲道路即為古代中國絲綢之路，是中國往來印度間的貿易線。

後，尼泊爾立刻與之建交，隨後又在一九五五年和中國建交，保持微妙的三方平衡關係。

印度與尼泊爾關係密切，是主要貿易夥伴，兩國人民無須簽證就能互相往來。但隨著中國逐漸崛起擴張，二〇一七年，尼泊爾加入「一帶一路」（The Belt and Road Initiative, B&R）協議，成爲中國寄予厚望的示範案例之一；同年，尼泊爾還跟中國進行聯合軍事演習，讓這個三角關係發展更加敏感。

9 從「東望政策」到「東進政策」

冷戰時期，印度的國際關係是中立偏蘇聯。但在蘇聯解體後，伴隨中國經濟崛起，對外擴大貿易合作與投資，印度也開始感受到必須對外發展的壓力，於是在一九九一年代確認「東望政策」（Look East Policy），試圖發展東南亞國家友好關係，特別是緬甸。

緬甸境內有大量印度裔居民，雙方在文化和歷史上也有許多共通點，在地理上緬甸也是印度與東南亞連結的門戶，因此雙方在一九九四年就簽訂貿易協議，促進雙邊交流，建設邊境公路。

不過「望」了多年之後，具體進展依然有限，反而是中國不斷擴張，在軍事、經濟和政治上，都對東南亞國家產生巨大影響。

二〇一四年，印度總理莫迪（Narendra Modi）**上台後，將東南亞關係列為最優先對外任務，並宣布「東進政策」**（Act East Policy），更加強調與東協國家之間的經濟、文化和戰略關係，透過多邊貿易、基礎建設、文化交流合作，來平衡中國在此地區的影響力。

不難發現，當中國不停在南海拓展控制範圍時，印度的「不結盟」原則也開始微妙轉變。

儘管印度並沒有和東協具體軍事結盟，但印度也開始強調「印度洋和太平洋的自由、安全和繁榮」，並參與區域安全論壇和國防部長擴大會議，使得印度成為抗衡中國擴張的外圍核心之一，地位漸漸趨近於日本、澳洲，在地緣戰略上影響力與日俱增。

名詞解說

東進政策（Act East Policy）

印度在一九九一年由總理納拉辛哈·拉奧（Narasimha Rao）提出「東望政策」（Look East Policy），企圖與東亞和東南亞國家建立更密切的經濟一體化嘗試。

二〇一四年，總理莫迪更進一步提出「東進政策」（Act East Policy），採取更積極的具體行動，與東南亞、東北亞國家在政治、軍事和經濟等方面進行合作。例如，二〇一六年就參與印美日三國「馬拉巴爾」海軍戰艦聯合演習。

《地理空間基本交流與合作協定》(Basic Exchange and Cooperation Agreement for Geo-Spatial Cooperation, BECA)

美印情報共享，印度可透過美國軍事衛星取得包含中印邊界地帶的地形、航海、航空等精確地理空間數據，印度在飛彈、無人機及軍隊部署上的精確性可望提升。

10 得不到全部的情人：美中俄日都想要印度

身爲一個不結盟，卻擁有核武以及十億以上人口的大國，讓印度在世界舞台上具備特殊影響力。

冷戰期間，印度與蘇聯在軍事與經濟上密切合作，又因美國支持巴基斯坦，讓印俄巴美四方關係更加微妙，不斷在中印邊界、喀什米爾與阿富汗戰爭中進行角力。近年，又因俄羅斯入侵烏克蘭導致西方國家採取經濟制裁，讓俄羅斯更加依賴與印度的貿易關係；另一方面，隨著中國崛起，促成了印度與美國之間合作深化，印度可說是美俄爭相拉攏的國際夥伴。

二〇一七年中印「洞朗對峙」後，印度與美日澳舉行「四方安全對話」，在非結盟的前提下，表明印度對抗中國的立場。

二〇二〇年，中國部隊進入加勒萬河谷引發衝突後，印度與美國簽署情報共享協議**《地理空間基本交流與合作協定》**（BECA）；二〇二三年雙方進一步深化武器、科技、半導體和人工智慧合作，減少印度對俄羅斯軍售的依賴，逐漸導入美軍配備。

緬甸與印度東北部相鄰，自古文化、宗教與社會交流密切，是 1990 年代印度東望政策的重點地。圖為緬甸仰光大金寺。

儘管印度的地位獨特，讓美俄都想拉攏，但印度依然保持著若即若離的曖昧態度。在烏克蘭戰爭中，有條件擔任美俄調停者的印度，態度上並不積極。印度外交部長蘇傑生（Subrahmanyam Jaishankar）甚至還表示，歐洲人該學會別把歐洲的事當成全世界的事。

二〇二二年 G20高峰會上，印度總理莫迪也表示，和平解決衝突，維持外交與對話至關重要，「這個時代不能是戰爭的世代」，可視爲是印度對俄烏戰爭較明確的表態，但也只是點到爲止。

11 中印關係可能正常化？

二〇二〇年加勒萬事件後，印度與中國關係降至冰點，但彼此仍保有自制力，未釀成全面性衝突。

對印度來說，若中國與巴基斯坦聯手，印度在邊界議題壓力會加大；對中國而言，若印美走得太近，將直接衝擊中國的印太布局。

在複雜的棋局中，二〇二二年中國外交部長王毅出訪印度，替雙方關係緩頰，並爲該年 G20高峰會習近平和莫迪會面鋪路，結果成功讓兩位國家領導人達成穩定中印關係共識，淡化中印衝突火藥味。

然而，外交場合上的微笑，藏不住彼此懷中的刀劍。從二〇二〇年以來，中印

名詞解說

印太安全對話論壇

全名為第七屆「凱達格蘭論壇：二〇二三印太安全對話」（Ketagalan Forum: 2023 Indo-Pacific Security Dialogue），由中華民國外交部與「財團法人兩岸交流遠景基金會」合辦，邀請日本前首相麻生太郎、愛沙尼亞前總理安席蒲（Andrus Ansip）與印度國家海事基金會主席、印度前海軍司令辛赫（Karambir Singh）等十二個國家政要及學者專家來台對話與討論。

印度的戰略決定，左右印太與全球地緣政局。圖為 2019 年印度士兵正在為新德里舉辦的共和國日閱兵進行排練。

雙方舉行了十九輪軍事對談，試圖解決彼此邊界爭議，以減少雙方在實質控制線（Line of Actual Control）周邊的衝突，雖然中印對外皆宣稱有所進展，但在緩衝區內仍然沒有看見撤軍的跡象。

這一切融冰的努力，似乎在二〇二三年九月G20高峰會宣告破滅，習近平延續他在中共「二十大」的看法，認爲中印關係不會改善，拒絕出席在印度新德里舉辦的G20高峰會，讓雙方關係正常化的未來又蒙上一層陰影。

同時，印度前海軍司令辛赫（Karambir Singh）、前陸軍司令納拉瓦內（Manoj Mukund Naravane）、前空軍司令巴道里亞（RK Singh Bhadauria）應外交部邀請出訪台灣，參加**「印太安全對話論壇」**，這是印度第一次前海、陸、空司令到齊訪台，納拉瓦內還擔任過印度軍方最高層級官員參謀長委員會主席，行程備受矚目。

未來印度、美國、中國、台灣與俄羅斯之間複雜的多邊關係，仍將持續牽動影響整個印太區域的發展。

印度地緣政治戰略史一覽

（西元年）

時間	事件
1526	**蒙兀兒帝國建立** 成吉思汗後裔建立蒙兀兒帝國，成為印度最強盛的王朝，也是印度這個古文明最接近統一的輝煌時代，並迎來伊斯蘭教文化。
1858	**英國王室正式掌握印度殖民地統治權** 英屬東印度公司將統治權移交給維多利亞女王，成立英屬印度，印度正式成為英國殖民地，但英國同時也帶來教育制度和民主政治。
1920	**不合作運動** 在英國菁英教育培養下，聖雄甘地與新生代知識分子展開「不合作運動」，反抗英國統治，成為印度獨立運動的起點。
1924	**甘地與印度國大黨** 甘地成為印度國大黨主席，領導印度獨立運動，奠定雄厚的民意基礎，在印度建國後連續執政長達三十年。
1947	**印巴分治** 英屬印度末代總督蒙巴頓抵達印度，試圖調停印度教與穆斯林分裂局勢不成，最終定調印巴分治，釀成獨立時的難民潮，造成百萬人死傷。
1947	**印度與巴基斯坦獨立** 第二次世界大戰結束後，國際政治掀起民族國家建國浪潮，信奉印度教的印度，與信奉伊斯蘭教的巴基斯坦趁勢獨立建國，正式脫離英國統治。
1947	**第一次喀什米爾戰爭** 印巴建國兩個月就爆發「第一次喀什米爾戰爭」，爭奪該地區控制權，經聯合國調停，兩國在喀什米爾分別劃設控制區。
1950	**中共進軍西藏，形同建立中印地緣緩衝區** 中華人民共和國建國後，正式進軍西藏，雙方簽下《和平協議》，確保藏人自治，並逐步轉型社會主義。
1955	**尼中建交** 尼泊爾與中國建交，在兩大國之間夾縫求生。

1959	**拉薩事件** 「拉薩事件」爆發，中國政府無視《和平協議》，全面接管西藏，達賴喇嘛逃離西藏，在印度成立流亡政府，成為中印外交場上最關鍵的「西藏牌」。
1962	**中印戰爭** 印度認為中國已經取得西藏，在邊界上會有所讓步，不料中國卻於邊界修建公路，引發雙方衝突，造成為期一個月的「中印戰爭」。
1965	**第二次印巴戰爭** 第二次印巴戰爭再度於喀什米爾爆發，聯合國安理會與美蘇出手調停，雙方才簽署停戰協議。
1970	**東巴基斯坦難民潮** 巴基斯坦首次總統大選，東巴基斯坦主要政黨人民聯盟勝選，但執政者拒絕退位，爆發軍事衝突，數百萬難民逃入印度。
1971	**第三次印巴戰爭** 印度出兵支援東巴基斯坦人民，發起第三次印巴戰爭，在印度軍支援下，擊潰政府軍，東巴基斯坦則獨立建國成為孟加拉。
1974	**印擁核武** 印度首次測試核武成功。
1975	**錫金正式納入印度** 印度將北方小國錫金納入版圖，但中國拒絕承認，直到二〇〇三年才以交換承認西藏主權而妥協。
1991	**東望政策** 印度開始「東望政策」，以緬甸為首，尋求與中南半島、東協國家建立友好關係，抗衡中國在此快速成長的勢力。
1996	**中印協議，邊界衝突只能使用冷兵器** 中印邊界衝突不斷，雙方為避免衝突擴大，協議禁止在邊界使用槍械和彈藥，只能以刀劍棍棒等冷兵器對戰。
1998	**印巴核武恐怖平衡** 印度核武測試成功後，刺激巴基斯坦發展核武，該年印度率先連續進行五次試爆，巴基斯坦則在半個月後進行六次試爆，兩國達成恐怖平衡。

2003	**中國承認印度擁有錫金** 中國承認印度對錫金主權，換取印度承認中國擁有西藏主權。
2014	**東進政策** 印度總理莫迪宣布「東進政策」，透過多邊貿易、基礎建設、文化交流，加強與東協國家之間的關係。
2017	**尼泊爾加入「一帶一路」** 尼泊爾宣布加入中國「一帶一路」協議，讓中國協助基礎建設，成為中國最期望的示範案例，同年雙方還展開聯合軍事演習。
2017	**中印洞朗對峙** 中國於不丹邊界的洞朗地區修築公路，印度軍上前威嚇，兩國展開持續三個月的「洞朗對峙」，最終雙方各自撤退，以免破壞即將展開的「金磚五國」高峰會。
2017	**恢復「四方安全對話」** 鑑於中國步步進逼，印度在維持「不結盟」策略原則下，於重啟的美、日、印、澳「四方安全對話」中，開始明確加入印太安全防衛的態度。
2020	**美印兩國簽署情報共享協議** 中國部隊入侵「加勒萬河谷」與印軍衝突後，雙方遵守協議只以冷兵器交戰，仍導致數十人死亡。作為反制，印度隨後與美國簽署「情報共享協議」。
2020	**中印十九次軍事會談** 「加勒萬衝突」後，三年內中印雙方開始多達十九次軍事會談，試圖解決邊界爭議，但沒有具體成效。
2022	**中國外長王毅訪印** 中國外交部長王毅出訪印度進行破冰之旅，成功促使習近平與莫迪在同年 G20 高峰會達成「穩定中印關係共識」。
2023	**美印深化合作** 印度與美國簽訂武器、科技、半導體和人工智慧深化合作，加強雙方經貿與軍事交流，並減少印度對俄羅斯軍售的依賴。
2023	**習近平未出席印度 G20 高峰會** 中國國家主席習近平認為中印關係不會改善，拒絕出席在印度舉辦的 G20 高峰會，使雙方關係再度冰凍。

製表／柯筆辰

3 全解印度密碼

印度得以在新世紀躍出，得力於她身上隱藏的三種特殊密碼。

第一種密碼是自然地理條件，次大陸地形與遼闊幅員，擁有豐富的文化與資源；特殊的地理位置可退可進，扮演政治與地緣樞紐。

第二種密碼是印度國家的自我意識與布局，讓她將自己定位為地緣政治的塑造者，而非命運接受者。

第三種密碼是獨立後的邊境領土主權爭議，注定會一直處在中巴兩大天敵的紛擾中，戰爭不斷。

詳解這幾種關鍵密碼，就能知道印度內在基因，發現強權崛起的關鍵憑藉。

土地面積 (km2)	政治制度	主要產業	核武	教育水準 PISA 排名	數位競爭力排名
328 萬	內閣總理制	紡織、化工、軟體	有	73(2009)	44
959 萬	共產黨專制	製造、礦產、食品加工	有	1	17
88.1 萬	兩議院民主制	農業、能源、軟體	有	無	無
37.7 萬	君主立憲內閣制	製造、金融、服務	無	15	29
983 萬	聯邦總統民選	金融、製造、專業服務	有	13	2
1,708 萬	聯邦半總統制	能源、航太、製造	有	31	42(2021)
3.61 萬	總統民選	電子、通訊、製造業	無	17	11
14.8 萬	議會共和國	農業、旅遊	無	無	無
14.7 萬	聯邦議會	觀光、農業	無	無	無
3.8 萬	君主立憲	農林、水力發電	無	無	無
65.2 萬	塔利班	農業	無	無	無
734	專制議會	貿易、金融	無	2	4
33.1 萬	共產黨專制	食品、成衣	無	13	無
190 萬	總統民選	石化、紡織	無	72	51
769 萬	君主立憲議會制	礦產、工業運輸設備	無	16	14

註：人口、GDP、國防預算、潛艦數量與軍隊數量皆為 2022 至 2023 年資料，來源參考各國政府網站。教育水準為 PISA 2018 閱讀能力排名。數位競爭力排名為洛桑管理學院 2022 年報告。(製表：柯筆辰)

關鍵數字 印太地緣全檔案

	人口	GDP (USD)	國防預算 (USD)	潛艦數量	美軍人數
印度	14.4 億	3.8 兆	738 億	18	0
中國	14.1 億	19.3 兆	2,240 億	59	0
巴基斯坦	2.3 億	3,477 億	62 億	9	0
日本	1.2 億	4.2 兆	514 億	22	5.3 萬
美國	3.3 億	26 兆	8,420 億	71	135 萬
俄羅斯	1.47 億	2.2 兆	1,020 億	64	0
台灣	2,389 萬	7,900 億	190 億	4	0
孟加拉	1.7 億	4,463 億	42 億	2	0
尼泊爾	3,066 萬	413 億	4.5 億	0	0
不丹	75 萬	26.5 億	2,500 萬	0	0
阿富汗	3,834 萬	201 億	27.8 億	0	0
新加坡	563 萬	4,973 億	13 億	5	0
越南	9,946 萬	4,490 億	63 億	6	0
印尼	2.7 億	1.4 兆	88 億	4	0
澳洲	2,649 萬	1.7 兆	290 億	6	1,500~2,000

天然地理密碼

樣樣皆備「次大陸」，極致發揮樞紐角色

印澳板塊向北漂移，形成印度次大陸，與歐亞大陸以喜馬拉雅山相連。從地理上看，印度是獨立的地球板塊；從地圖上看，又是大陸的一部分。這樣的天然條件，讓印度有條件扮演樞紐，也有本錢合縱連橫。

文／巫仰叡（「巫師地理」粉專社群版主）

自然地理：地質、地貌、氣候、海洋

Q1 印度被稱為「次大陸之國」，什麼是「次大陸」？和地球板塊的構造有關嗎？

地圖上，在歐亞大陸的南方，可以看到一塊近似倒三角形輪廓的陸塊，即是印度。印度是屬於**印澳板塊**（Indo-Australian Plate），數億年前印澳板塊由南往北漂移，最後擠壓到歐亞大陸，形成造山運動，造就了世界最高峰所在的喜馬拉雅山脈，也讓印度與中國兩大文明之間有了天然界線。

若單看印度國土，從北往南，呈現倒三角形，北方有高山屏障，南方尖端往印度洋延伸，東西兩側被海洋圍繞，環境獨立，自成一格，故有「次大陸」稱號。古代印度若要與中國、阿拉伯文明來往，必須跋山涉水，交通耗時。

印度國土可分為北部山脈、中部平原與中南部德干高原三個區域。其中，德干

名詞解說

印澳板塊（Indo-Australian Plate）

全名「印度─澳洲板塊」，是印度板塊和澳洲板塊的合稱。在五千五百萬年前這兩個板塊是分離的，後來融合在一起，與周遭的歐亞板塊、菲律賓海板塊、太平洋板塊等相互擠壓。

季風亞洲（Monsoon Asia）

季風亞洲是指受季風影響的亞洲地區，其界線西起塔爾沙漠東緣，向東經喜馬拉雅山脈、青藏高原東緣、大興安嶺一線。此線以東的地區在夏天受到海洋暖濕空氣影響，獲得降水；冬季則受蒙古高氣壓影響，氣候乾燥。

高原占國土面積一半以上，地勢高而平坦，海拔平均五百至六百公尺，是世界最大的熔岩高原。數十億年來累積了豐富的結晶岩及沉積物，比如鐵、煤。

印度北方著名的喜馬拉雅山脈，屬板塊擠壓造就的「新褶曲山脈」，平均高度八千公尺，布滿冰河和雪水，是印度、尼泊爾、不丹、孟加拉、巴基斯坦等國家的重要水源。

山脈水系匯成印度河、恆河和布拉馬普特拉河（上游在中國境內，稱爲雅魯藏布江）三大河流。印度大平原得利於豐富水源，土壤富饒，農業發達，是印度人口稠密區。

Q2 印度的氣候和地形特色是什麼？

印度的氣候可以從**「季風亞洲」**（Monsoon Asia）來理解。季風亞洲是指受季風影響的亞洲地區，因歐亞大陸、太平洋與印度洋的海陸之間有「比熱」差異，陸地在夏季爲低壓地帶，海面則爲高壓，加上科氏力（地軸偏轉力）作用影響，海洋豐沛的水氣隨著西南季風往陸地吹拂。

印度東側瀕臨孟加拉灣，呈外寬內窄漏斗狀，季風降雨尤爲豐沛。東北側的乞拉朋吉地區，有「世界雨極」之稱，平均年降水量超過一萬毫米，比熱帶雨林還要潮濕。

喜馬拉雅山脈橫亙在印度、巴基斯坦、中國、尼泊爾、不丹等國的邊境，布滿冰河和雪水，自古為印中兩大文明天然界線。

受到地形與陸地低壓逆時針輻合影響，印度西部內陸部分風向來自阿拉伯半島，不易帶來降雨，全年降水量不多，因此在印度與巴基斯坦境內形成乾燥的塔爾沙漠，有水源灌溉的區域適合種植棉花，讓印度成為棉花出口大國。

印度海岸線很長，中南部的德干高原西側是西高止山，海拔高過東側的東高止山，加上季風來自西南方，因此印度西南側降雨豐沛。這裡緯度低而炎熱，地貌上可見沙灘、椰子樹和咖啡樹，深具熱帶風情。

每年十一月至隔年二月，蒙古及西伯利亞冷高壓讓季風轉向，強勁東北季風從陸地往海面吹拂，但因印度北方有高原與高山阻擋，冷冽東北季風無法長驅直入，整個印度呈現「涼季」，比同緯度的東南亞溫暖，這個季節特別適合旅遊。

Q3 印度南臨印度洋，印度洋具有什麼樣的特質？

印度洋是世界第三大洋，可通往阿拉伯海、波斯灣、紅海、蘇伊士運河、地中海、東非、南非，這也讓印度南方位處全球貿易重要航線上。因此，印度與南方鄰國斯里蘭卡、馬爾地夫成為扼守東、西亞交通的戰略要道。

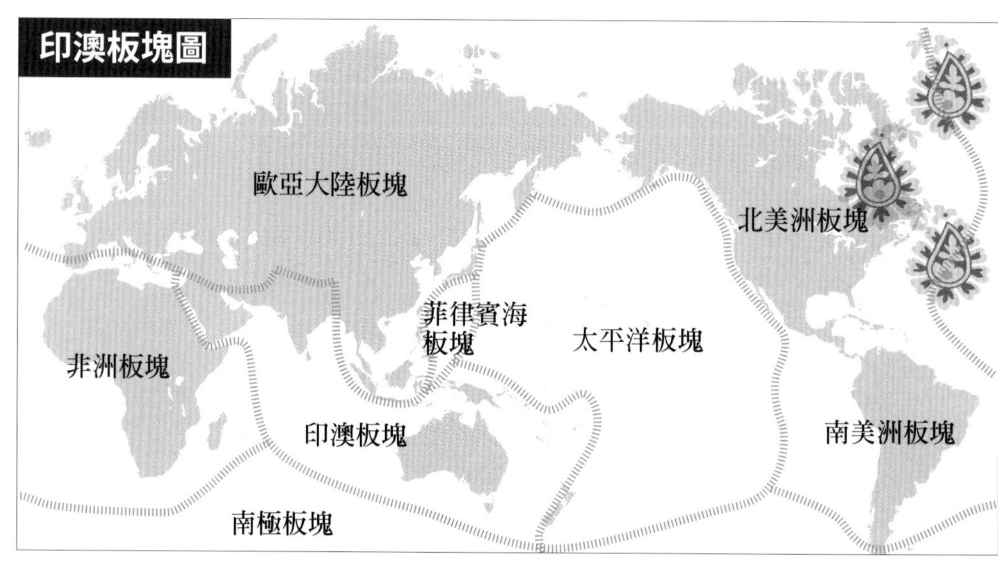

在洋流分布上，北印度洋涵蓋的阿拉伯海與孟加拉灣，是以赤道兩側的暖流爲主；南印度洋有阿古拉斯暖流；南極方向有西風漂流，其中一部分繞到澳洲西側，稱爲西澳涼流。

人文地理：社會、文化、經濟、產業

Q4 印度蘊含哪些天然資源？有開採價值嗎？

印度擁有豐富礦產資源，包含大量的鐵礦石、鋁土礦、鉻、錳、稀土和礦物鹽儲量，主要分布於古老結晶岩陸塊德干高原，爲印度的鋼鐵製造、工業零組件、家電等製造業提供自有原物料。

豐富的煤礦資源，供應家庭燃料與工業發電，爲印度經濟發展打下良好基礎。

上：豐富煤礦資源支撐印度民生燃料與工業發電能源。圖為煤礦工人正搭著電梯，準備下到礦坑上班。

下：德干高原地跨印度中部與南部，占國土面積一半以上，非迎風面的山區地景乾燥而單調。

Q5 印度的耕地面積如何？水資源是否夠用？

印度約有一半的農耕地集中在東側恆河平原和西部印度河平原，兩者統稱為「印度大平原」。

大平原的農作物類型取決於雨量和氣候，以恆河平原爲例，大部分的水稻耕地位於恆河下游；恆河中上游則雨量較少，在首都新德里一帶，農耕作物改以生產小麥爲主。

近年，受氣候變遷影響，喜馬拉雅山脈的冰河逐年減退，水資源減少，成爲鄰近國家的爭逐焦點，甚至演變成地緣政治衝突。最明顯的例子是，中國在青藏高原的雅魯藏布江興建多個大壩蓄水站和發電設施，導致下游印度的布拉馬普特拉河平均水位下降，衝擊農業灌溉，加劇印中兩國緊繃態勢。

每年三至五月是印度的熱季，雨季尚未來臨，水資源經常性短缺。印度政府受限經費，未能及時開發新的水資源，讓用水吃緊，無法充分滿足民生與工業發展的需求。

名詞解說

四方安全對話(Quadrilateral Security Dialogue, Quad)

「四方安全對話」是二〇〇七年由時任日本首相安倍晉三發起，得到美國、印度、澳洲的支持，主張四國加強合作以應對中國崛起。

Q6 印度的經濟產業特色是什麼？

農業生產是印度近六成人口的主要經濟來源，但印度政府也積極發展製造業。因印度人才具備英語優勢，加上政府積極成立理工院校，一九八〇年代就打下高

塔爾沙漠位於印度與巴基斯坦之間，是亞洲第三大沙漠。

科技產業的基礎，南方城市邦加羅爾的科技服務業和代工產業鏈，都是歐美跨國企業布局的重點。

二〇二三年印度躍居全球人口第一大國，跨國企業看好人口紅利及內需市場，紛紛搶進印度投資，新德里、孟買、加爾各答等主要城市呈現商業蓬勃的景象；再加上「世界工廠」中國在政治經濟上呈現不穩定性，部分跨國企業陸續將生產線轉移至印度，提高了印度經濟發展的動能。

從地圖上可以清楚看出，印度自古就是連結亞洲與歐洲的重要樞紐；再加上二戰以降，印度外交採取「不結盟」策略，為加入國際戰略和經濟組織留下相當大的彈性，不只參與包含中國在內的「金磚國家」峰會，也成為美國圍堵中國的印太戰略**「四方安全對話」**（Quadrilateral Security Dialogue, Quad）成員，可說是把「樞紐」的角色與特質發揮到極致。

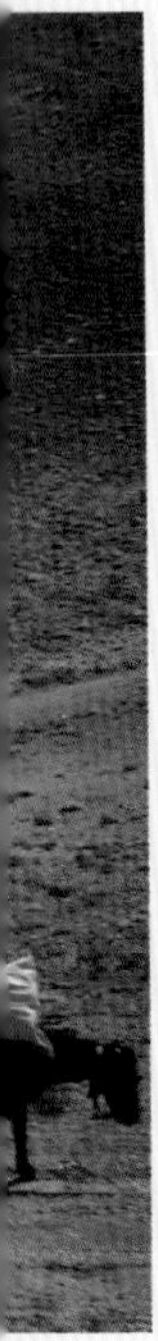

繽紛印度次大陸
活生生的地理博物館

1.塔爾沙漠有水源灌溉區域適合種植棉花，印度因而成為棉花生產大國。圖為當地工人在棉花田中工作。

2.德干高原西側的西高止山為迎風面，山脈呈階梯狀，雨量適中、氣候炎熱，英國殖民時代就引進咖啡種植。圖為農民正採收阿拉比卡咖啡豆。

3.恆河孕育出印度璀璨的文明，不只提供農業用水，也成為印度教徒眼中的「聖河」。教徒相信，沐浴在恆河中祈禱，可以得到靈魂的淨化。

4.印控喀什米爾拉達克的喜馬拉雅山區，因地勢險峻，仍常使用驢隊運輸。

5.印度東北部靠孟加拉灣的乞拉朋吉地區，因季風而降雨豐沛，有「世界雨極」之稱，處處可見綠樹、峭壁與瀑布。

4

印度的自我地緣觀密碼

印度眼中的印度，主動塑造地緣政治格局

印度前總理尼赫魯曾說，「印度不能在世界上扮演二等角色，要麼做一個有聲有色的大國，要麼就銷聲匿跡。」印度即設定國家發展戰略五大目標並強調「鄰國優先」。至今，只剩最後一個目標，就能實現自我定位。

文／黃恩浩（國防安全研究院國防戰略與資源研究所副研究員）

名詞解說

聯合國安全理事會常任理事國 (Permanent members of the United Nations Security Council)

根據《聯合國憲章》，設立安全理事會，共十五個國家參與，分為「常任理事國」和「非常任理事國」，負維持國際和平安全的責任，且有權採取強制行動。其中，美中法英俄五個常任理事國享有非程序性決議案的「否決權」。

二〇〇四年，日本、德國、印度和巴西組成「四國聯盟」（G4 Nations），爭取成為常任理事國。但因常任理事國已享有特權，加上利益喬不攏，這四個國家一直未能闖關成功。

印度自我定位一

地緣政治的塑造者，而非命運接受者

印度自一九四七年脫離英國殖民統治獨立以來，對於國家發展建設規劃就面臨著內外嚴峻的挑戰。對內是多元族群、宗教、語言和文化的融合問題；對外則是與巴基斯坦的喀什米爾主權歸屬、與中國的邊界爭議，以及其在國際關係中的定位等問題。

在宣布獨立建國七十多年後的今天，印度的國家發展與進步成果眾所矚目，更被國際社會認定是一個重要新興大國。**當代印度將自己定位成地緣政治的塑造者而非命運接受者，並積極在不斷變化的國際環境中提升競爭力**。

究竟當代印度在區域與國際間想要扮演什麼樣的角色？可從歷史、戰略、與經濟三個面向來探討。

第一，就歷史而言，印度文明讓印度引以為傲。在這個文明優越感的基礎上，

印度實現了民族獨立，也激發了印度崛起成爲大國角色的命運。

印度前總理尼赫魯就曾指出：「印度不能在世界上扮演二等角色，要麼做一個有聲有色的大國，要麼就銷聲匿跡。」他更提到：「印度命定要成爲世界上第三或第四位最強大的國家。印度的國際地位不是與巴基斯坦等南亞國家相比，而應與美國、蘇聯和中國相提並論。」

第二，就戰略而言，印度獨立建國之後，在南亞複雜的地緣政治環境中，爲了實現大國理想、拓展國際空間、捍衛印度安全，以及避免成爲其他強權的附庸國，設定了國家發展戰略五大目標。

這五大目標包括：「推動不結盟政策」、「追求南亞區域霸權地位」、「成爲印度洋海權國家」、「發展核武」、「爭取成爲聯合國安全理事會常任理事國」。迄今爲止，印度只剩成爲聯合國常任理事國之目標尚未達成。

第三，就經濟而言，印度曾經給世界一個經濟落後的刻板印象，直到一九九一年印度開始進行全方位經濟改

在許多國家眼中，印度採用「不結盟」策略就像棋盤上的「象」斜著走，外交立場讓人難以捉摸，但印度很清楚自己要實現「大國」的理想。圖為 2019 年印度新德里共和國日閱兵前，一群士兵正集體側著頭，等著排練。

革之後才逐漸讓世界改觀。

印度的經濟改革項目包括：加速基礎設施建設、發展資訊技術產業、放寬外資進入限制、進行財政金融體系改革，以及推動國營事業民營化等。改革之後的印度經濟成長令人刮目相看，不僅在二〇〇一年以新興國家市場身分加入「金磚國家」組織，更在地緣經濟的基礎上推動區域經貿合作，意圖成為南亞區域的領導大國。

印度自我定位二

和平共處五原則，鄰國優先

為了追求地緣政治安全，印度不僅在一九五〇年代提出「和平共處五原則」，而且從一九九六年起更在這原則基礎上推行「鄰國優先」政策，對周邊小國（尼泊爾、錫金、不丹等）提供協助並尊重其領土主權完整。

雖然印度的睦鄰政策立意良善，但隨著國力增強，其周邊小國為了從印度獲得經貿與安全利益，對印度長期政經干涉都保持一定程度的沉默，或是希冀引進中國勢力來制衡印度，就像尼泊爾。

除了周邊小國之外，印度近年來也一直積極在營造一個和平區域關係，例如，印度於二〇一四年與孟加拉解決了雙方海洋劃界問題，印度總理莫迪也於二〇一五年訪問巴基斯坦，暫時緩和了雙方緊張關係。

目前印度的安全考量主要是放在與其有領土主權爭議的中國。

印度國家發展戰略設定五大目標

1. 推動「不結盟」政策
2. 追求南亞區域霸權地位
3. 成為印度洋海權國家
4. 發展核武
5. 爭取成為聯合國安全理事會常任理事國

印度自我定位三

北方布局俄中關係，西方著重石油貿易

爲追求大國地位，印度近年對於南亞，甚至是印太地緣政治板塊都在逐步擴大參與。

在印度北方，印度面臨的是俄羅斯與中國兩個大國家。

印度與俄羅斯（前蘇聯）的友好關係建立於一九五五年。在冷戰時期雙方在戰略、軍事、經濟和外交方面發展出緊密關係，迄今雙方已經建立「特殊且具特權的戰略夥伴關係」，強調未來將持續加強軍事與貿易合作。

就印度與中國關係來看，就沒有像印俄關係發展得那麼順利，主要是受到雙方

「金磚國家」組織再擴大

2023 年「金磚國家」峰會官方標誌

2001 年，高盛投資銀行經濟學家吉姆．奧尼爾（Jim O'Neill）提出「金磚國家」的概念，他預測 2050 年巴西、俄羅斯、印度、中國等四個中等收入國將成為世界主要經濟體。這四個國家國民收入總和相當於全球總量 26%，英文名字開頭剛好組成 BRIC（磚塊）這個字。

2006 年起，「金磚國家」先是舉辦外長會晤；2010 年納入南非；2014 年，成立了新開發銀行（NBD），為新興國家的發展提供貸款。到了 2023 年，第 15 次「金磚國家」峰會在南非舉辦，閉幕式上宣布邀請阿根廷、埃及、衣索比亞、伊朗、沙烏地阿拉伯、阿聯加入「金磚國家」成員。

峰會期間，印度傳來登月成功的好消息，遠在南非的總理莫迪驕傲表示，這證明即使是發展中國家，也可以實現探月夢想。

地緣競爭下的邊界衝突所影響。在競爭的中印關係中，俄國一直是印度所要拉攏的對象，同時也不希望俄中走太近。

國際上，印度在聯合國、「世界貿易組織」（WTO）、「金磚國家」、「上海合作組織」（Shanghai Cooperation Organization, SCO），以及中俄印三方外長對話等機制中保持溝通、協調與合作，以藉此維護印俄中三方的共同利益。

在印度西方，印度主要是藉由「上海合作組織」來參與中亞安全與經貿事務，由於印俄中三國是該組織的主要大國，印度經常藉這多邊機制與俄中兩國進行對話。

中東對印度而言，主要的焦點是在石油貿易，並積極與中東伊斯蘭教世界建立互信友好關係。二〇二〇年，美國推動以色列與阿拉伯聯合大公國簽署《亞伯拉罕協議》（Abraham Accords），讓兩國順利建交並重建了中東秩序。二〇二一年十月，美國、以色列、阿聯與印度舉行經濟四方對話，在美國的主導下，印度被納入《亞伯拉罕協議》中，中東的「印度—亞伯拉罕協議跨區域秩序」因此成立，印度在中東的角色變得愈來愈重要。

印度自我定位四

東方改採「東進」，南方力保南太平洋

在印度東方，印度自一九九一年的「東望政策」轉向二〇一四年的「東進政策」後，為強化與西太平洋區域國家互動關係，印度除了積極參與東協區域論壇、東亞

名詞解說

上海合作組織（Shanghai Cooperation Organization, SCO）

簡稱上合組織，由中國、俄羅斯、哈薩克、吉爾吉斯、塔吉克、烏茲別克、巴基斯坦、印度、伊朗等九國組成，每年舉行一次成員國元首理事會，有「上合組織秘書處」和「地區反恐怖機構執行委員會」兩個常設機構。上合組織秘書長按成員國名的俄文字母順序輪流擔任，由於成員一路從東亞延伸到南亞、中亞，被認為是中俄兩國所建構、與北約抗衡的中亞安全保障組織。

印度北方最大的國土安全壓力，是來自於有領土爭議的中國。圖為 2020 年印度士兵在鄰近中印邊界的荒涼達克山脈執勤。

高峰會、環孟加拉灣多領域技術暨經濟合作倡議、湄公河—恆河合作組織，以及環印度洋區域合作聯盟等之外，也積極參與美日印澳「四方安全對話」，並配合美國「印太戰略」的推展。

最值得注意的是日本與印度的關係。在二〇〇六年的日印「戰略性全球合作夥伴」基礎上，雙邊於二〇一四年承諾朝經濟與安全領域構築特殊戰略關係。從地緣戰略角度，日印這種緊密關係的發展不僅深化印度「東進政策」的執行，同時也鞏固了「印太戰略」架構。

在印度南方，隨著美國、日本、澳洲等國近年紛紛將南太平洋視為大國競爭的重要區域，印度也開始加入在南太平洋的戰略布局。例如，二〇一八年，印度表態願意提供馬爾地夫約十億美元的低利貸款，以協助償還積欠中國的巨額債務。同年，印度宣布投資印尼沙璜港以及經濟特區，並在當地興建醫院。

中國與索羅門群島於二〇二二年簽署安全合作協定之後，印度在「四方安全對話」架構下，總理莫迪於二〇二三年五月訪問巴布亞紐幾內亞，並且出席印度—太平洋島國合作論壇，強調相互支援各國與南太平洋島國的現有合作機制。

印度自我定位五
民主世界與專制世界之間的橋梁

在美俄之間，印度向來保持不選邊站的態度，寧願跟美俄都維持友好的雙邊關係，也不因選邊站而破壞與美俄的關係。因此，在美俄印三邊關係互動中，印度都積極扮演一個作為民主世界與專制世界之間的橋梁。

實際上，冷戰結束後，印度在戰略上就不介入美俄長期的戰略競爭，在美俄都企圖拉攏印度的態勢下，**印度因此能夠在美俄之間左右逢源並獲得利益。例如，從俄國獲得石油能源與大量武器；從美國獲得經貿資源與尖端科技。**

在印度不願涉入美俄競爭的作為中，美國拉攏印度進入「印太戰略」（Indo-Pacific Strategy）架構，並不會破壞印俄關係，反而給了印度在印太展現其大國地位的舞台，同時也分散印度面對中國威脅的風險。

再者，儘管以美國為主的民主世界在俄烏戰爭發生後，也都積極企望說服印度對俄國進行譴責與制裁，但印度卻僅寧願在俄烏戰爭中扮演一個溝通的角色，不願破壞與俄國的關係，甚至在西方國家積極抵制俄國經濟與能源時，印度卻向俄國採購大量石油。

由此可知，印度不與美俄任一方靠攏只扮演雙方橋梁的做法，在美俄都想拉攏印度之態勢下，的確讓印度國際影響力大為提升。

名詞解說

印太戰略（Indo-Pacific Strategy）

由美國主導，含括整個印度洋和太平洋的戰略大聯盟，包含「四大四小」。以美日印澳四國為基礎，再納入新加坡、越南、菲律賓、台灣四國。

多邊主義（Multilateralism）

兩個以上的國家進行國際合作和聯盟，藉以化解矛盾和分歧，達到區域和平穩定。包括聯合國、G20、歐盟、世界銀行、亞太經濟合作組織等，都是基於多邊主義成立的國際合作組織。

對比多邊主義，國際關係中還有「單邊主義」、「孤立主義」、「雙邊主義」。

2010年斯里蘭卡漢班托塔港建設開工，由中國進出口銀行出資85%。但2017年斯里蘭卡無力償還債務，正式將漢班托塔港租借給中國99年，形成印度在南方的一大地緣隱憂。圖為漢班托塔港興建初期，承建商「中國港灣」四個大字就聳立在工地上。

印度自我定位六

追求大國地位，內部問題與地緣緊張性是關鍵

印度這個新興強權目前最需要克服的阻力，主要是來自內部複雜的經濟與社會問題。例如，極度缺乏技術密集型產業與現代化農業，印度未來的經濟成長仍是不樂觀；無強大的工業化和科技實力而僅靠廣大服務業，印度未來仍很難加速經濟成長。

再者，印度長期存在嚴重的社會問題、種姓制度與貧富差距，不僅基礎設施落後，且工業發展遲滯，這些問題在未來很可能都會成爲印度國家發展的阻礙。**重要的是，這些內部問題都會直接影響印度對大國地位與角色的追求。**

此外，印度最大的外部地緣風險主要是與中國懸而未決的邊界問題。在憂慮中國威脅的前提下，印度不僅支持美國「印太戰略」對中國進行抗衡，也同時強化與俄國的軍事安全關係，避免俄國向中國過度靠攏。

在這種多邊主義（Multilateralism）**外交安排下，加上擁有全球排名第三的軍事實力，印度在目前南亞地緣政治的關鍵地位幾乎是無可動搖的。**

主權爭議密碼

中印主權爭議 山區交鋒，互不相讓

印度與中國的邊境主權爭議都在陸路山區，分為西段、中段與東段。英屬印度時期劃下三條邊界線，試圖清楚劃分領土，但也成為中印百年紛擾的根源，並牽涉不丹、尼泊爾、緬甸三個鄰國，以及西藏尋求獨立的歷史。

文／湯智貿（東吳大學政治學系助理教授）

爭議起點

大英帝國劃三條邊界線，清帝國回絕

印度與中國的邊境領土爭端可分爲西段、中段與東段。

西段是指中國控制的阿克賽欽地區（Aksai Chin）和印度控制的拉達克（Ladakh）鄰接區域，以及印度的喜馬偕爾邦和北阿坎德邦之間與西藏鄰接區域。

中段，又稱「錫金段」，是指印度的錫金邦與西藏鄰接區域。

東段，是指印度的阿魯納恰爾邦（Arunachal Pradesh）（中國稱「藏南地區」）。

十九世紀，大英帝國以印度爲中心向北方推進殖民擴張，沙俄帝國則從中亞逐漸向南擴張，兩個帝國的勢力範圍競爭慢慢顯現。**大英帝國爲阻止沙俄帝國從中突破取得前往印度洋的通道，以軍事手段一步一步地將印度北部與新疆、西藏之間各個獨立王國納入勢力範圍。**

名詞解說

第一次英錫戰爭 (First Anglo-Sikh War)

一八四五年，英國東印度公司對錫克帝國（Sikh Empire）發動戰爭，獲勝後，取得錫克帝國部分領土。一八四八至一八四九年間，第二次英錫戰爭爆發，錫克帝國成為大英帝國在印度次大陸併吞的最後一個國家。

乃堆拉－卓拉山口（Nathu La Pass）是中印錫金段邊境地點，自古就是西藏和印度間的重要通道，每年四月至十月融雪季節暢通無礙，有世界最高的公路貿易通道之稱。1965 年，中印兩國在這裡發生第二次軍事衝突，現在則是熱門觀光景點，山頭上設有瞭望點。

一八四五年第一次英錫戰爭（First Anglo-Sikh War）**結束後，錫克帝國戰敗並割讓部分領土給大英帝國，讓大英帝國的邊界正式接壤清帝國勢力範圍下的新疆與西藏。**

大英帝國企圖與清帝國確立雙方勢力範圍的邊界，但清帝國回絕。爾後，大英帝國陸續劃出三條邊界線，分別是一八六五年間提出的**「約翰遜線」**（Johnson Line，**西段**）、一八九九年提出的**「馬繼業－竇訥樂線」**（Macartney-MacDonald Line，**中段**）和一九一三至一九一四年間在西姆拉會議（當時由中華民國北洋政府和西藏噶廈政府參與）提出的**「麥克馬洪線」**（McMahon Line，**東段**）。

中印邊境衝突導火線

實際控制線無共識，兩國不斷構築軍事據點

「約翰遜線」將阿克賽欽地區全部劃入英屬印度控制的喀什米爾，「馬繼業－竇訥樂線」分割「約翰遜線」納入的阿克賽欽地區，「麥克馬洪線」則是納入藏南地

區。**這三條線都沒有被清帝國及後來的中華民國、中華人民共和國承認。**

一九四七年，印度自英國獨立，認爲自己繼承了英屬印度劃定與控制的領土，「約翰遜線」以西和「麥克馬洪線」以南地區應歸屬印度。

隨著中國政府一九五一年軍事接管西藏，中印之間的領土主權矛盾開始顯現。隨後，印度修改官方地圖邊境，**將東段實際控制範圍從「西藏－印度傳統習慣線」逐步向北推進到麥克馬洪線附近**。例如，一九五四年，印度在爭議邊境東段控制區設立「東北邊境特區」（North-East Frontier Agency）。

一九五九年，中國政府解散西藏噶廈政府，正式將西藏納入統治。同年，中國總理周恩來向印度總理尼赫魯提出**實際控制線**（Line of Actual Control, LAC）的想法，即以東段的麥克馬洪線、西邊的傳統習慣線（沿著喜馬拉雅山南麓，鄰接印度阿薩姆平原）來劃分兩國國界。不過，印度未同意，中國也就相對地不承認麥克馬洪線。

由於中印兩國不能就實際控制線達成共識，也就無法展開劃定邊界的談判。爲了彰顯自己的領土主權範圍，兩國各自不斷在實際控制區域邊界構築軍事據點與基礎建設，成爲日後中印邊境軍事衝突發生的導火線。

軍事衝突終發生

中印談判，互相承認對方擁有西藏與錫金

名詞解說

西藏－印度傳統習慣線

印中邊界西藏與印度間自古一直未正式劃界，在現在爭議邊界的東段，傳統上兩地邊界默契是沿著喜馬拉雅山脊走。直至一九一四年英國提出「麥克馬洪線」，與十三世達賴喇嘛領導的西藏噶廈政府達成協議，才打破了傳統控制線默契，但中國始終未予承認。

實際控制線 (Line of Actual Control, LAC)

一九五九年由中國提出的中印邊境線描述，但並不是像字面上所指雙方已「實質控制」的意思。一九九三和一九九六年中印雙方簽署中印協定，確認了這個名詞，但對具體確切的位置並未達成共識。

印度在與不丹、尼泊爾邊境附近海拔 4,000 多公尺的「麥克馬洪線」上設有山口檢查哨，嚴守穿越喜馬拉雅山的公路。圖為 2019 年一名印度陸軍少校正在該哨所巡邏。

一九六二年，中印在爭議邊境的東段和西段發生第一次軍事衝突，結果中國控制西段的阿克賽欽地區，印度則控制藏南地區（一九八七年改制爲阿魯納恰爾邦）。

一九六七年，中印兩國在錫金段爭議邊境，當時作爲印度保護國的錫金王國與中國西藏交界的乃堆拉—卓拉山口發生第二次軍事衝突。這兩次軍事衝突皆造成大規模的傷亡。此後，雙方未再發生造成大規模傷亡的武裝衝突。

一九七五年，兩國在東段爭議區域的土倫拉山口（Tulung La）發生造成印度士兵死亡的駁火衝突。

雖然中印兩國自一九六二年以來邊境衝突不斷，但也試圖通過官方溝通談判緩和邊境問題，改善雙邊關係。例如，希望透過一九九三年、一九九六年、二〇〇五年有關實際控制線區域的立場與行爲原則的雙邊協議，建立信任措施。

二〇〇三年，**印度承認西藏是中國的一個自治區；中國則承認錫金是印度的一個邦。這些作爲，部分是**

因爲雙方希望降低難解的領土問題，對雙方各自經濟發展與雙邊經濟交往的影響。

地緣重要性

水農礦資源命脈，印度不能被掐住「雞脖子」

印度與中國兩國的邊境地區擁有豐富的水、農林、礦產等天然資源，這對於兩國的經濟發展和地緣戰略至關重要。

爭議邊界區域包括了喜馬拉雅山脈，也是印中兩國重要河流的發源地。這些河流不僅爲農業灌溉提供水源，也支持下游城市和工業的用水需求。

同時，喜馬拉雅山脈地形有利於水力發電，是能開發發電產業滿足民生與工業電力需求的重要地區。山谷地區利於種植水稻、小麥、水果和蔬菜等農產品。

再者，此地區被認爲蘊藏著豐富的現代工業生產所需的礦產資源，如鋅、鉛、銅、錫、鋰等金屬，以及可能有石油和天然氣資源。這些能源資源對於能源安全和經濟發展具有戰略重要性。

控制爭議邊境區域的地點與大小，直接影響了印中兩國在利用上述各種資源上是否占有優勢。當然，爭議邊境控制範圍也直接影響印中的地緣戰略利益與國家安全。

例如，錫金段爭議區域鄰境印度的**西里古里走廊**（Siliguri Corridor），有「印

名詞解說

西里古里走廊 (Siliguri Corridor)

印度連結東北方領土的狹窄地帶，西北側是尼泊爾，東南側為孟加拉國。該走廊長二十二公里，最窄的地方僅有二十三公里，孟加拉語稱之為「雞脖子」。只要被截斷，印度就與東北領土、不丹斷絕，也難以馳援中印邊界爭議的阿魯納恰爾邦，也就是中國的「藏南地區」。

印度這塊東北方領土原為錫金王國，一九七五年印度正式將錫金納入領土，共有七個邦的行政區。

加勒萬河流經中印兩國，河谷地勢高，環境荒涼，氣候嚴寒，僅有軍方駐守，沒有常住居民，但因位處邊境爭議地帶，2020 年中印雙方在此發生流血衝突事件。

度的雞脖子」之稱，是印度通往東北部各邦的必經之路，包括已有許多移民屯居的阿魯納恰爾邦。

印度東北部與緬甸相鄰，不僅是印度「東進政策」的前哨站，也鄰近「中緬經濟走廊」，對於中國「一帶一路」可以造成箝制作用。因此，對印度而言，錫金段爭議區與阿魯納恰爾邦的戰略重要性不言可喻。若中國在此爭議區域的洞朗（Doklam）取得控制權，勢必影響印度的國家利益與安全。

地緣緊張性

邊界軍事衝突再起，美國參院承認麥克馬洪線

近幾年，印中邊境對峙衝突再起。

二〇一七年，印中兩軍在錫金段的洞朗武裝對峙。

二〇二〇年，在西段爭議地區的加勒萬河谷（Galwan Valley）發生一九六七年後傷亡人數最多的暴力衝突。

二〇二二年，在東段爭議邊境的達旺地區發生衝突。

印中邊境衝突再起，除了反映兩國領土主權問題難解，這幾年美國與中國競爭引起的印太地區地緣政治變

化，也增強了兩國維護國家領土主權和利用衝突獲得安全利益的動機。

二〇二三年，美國參議院決議承認麥克馬洪線是印度與中國邊界線，擴張了印度維護領土主權的國際正當性，也加強了美國與印度之間深化合作的基礎，使得印度更有底氣面對中國的區域權力擴張，勢必使中國感到不安。

這意味著，在印太地區地緣政治發生巨大變化之際，未來中印邊境的爭議可能欲小不易。

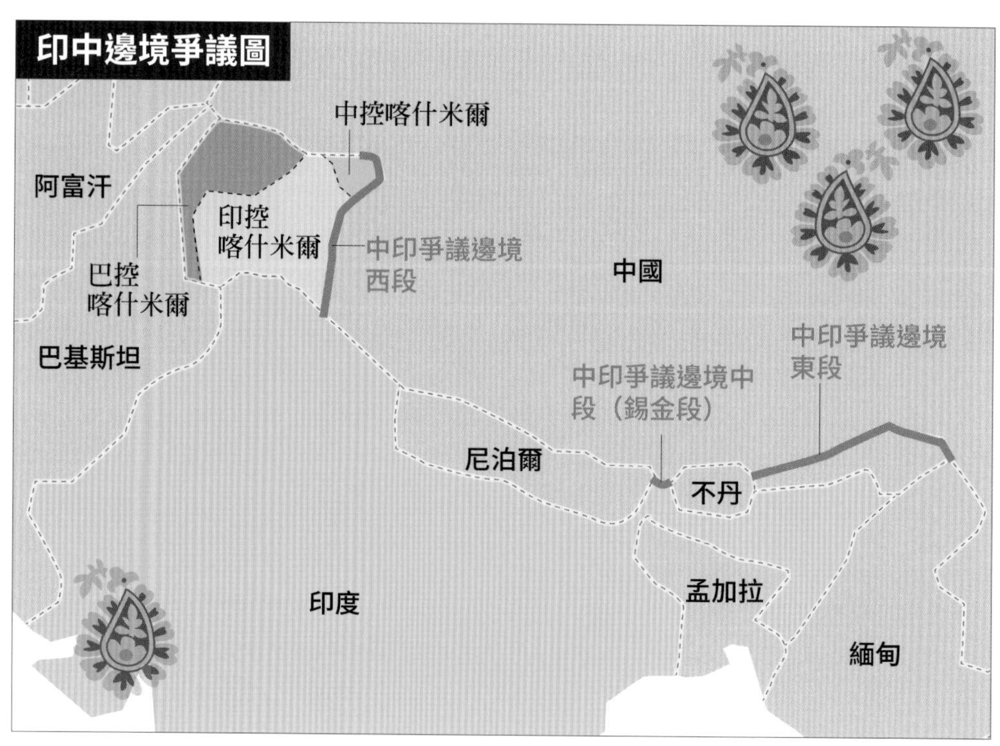

主權爭議密碼

印巴主權爭議　喀什米爾地區領土歸屬

因為喀什米爾領土主權爭議，印度和巴基斯坦發生過三次印巴戰爭和多次軍事衝突。二〇一九年後，印巴相繼改變最具爭議的查謨—喀什米爾地區現狀，兩國形同失去緩衝地帶，讓局勢更加詭譎。

文／湯智貿

爭議起點

印巴分治，土邦內部意見不一

印度和巴基斯坦之間長期衝突的主因是喀什米爾地區領土歸屬爭議。

目前，喀什米爾地區劃分為三個部分，由印巴中三國控制，包括印度控制的「查謨—喀什米爾」和「拉達克」；巴基斯坦控制的「阿扎德喀什米爾」和「吉爾吉特—巴提斯坦」；中國控制的「阿克賽欽」和「喀喇崑崙走廊」。

喀什米爾地區領土歸屬爭議的起因，可以回溯至一九四七年英國推動的印巴分治。

第二次世界大戰後，英國因戰爭消耗國力過大而走向衰落，難再有效治理尋求獨立的英屬印度。

面對英屬印度社會中難以抵擋的獨立運動，英國曾經提議組建由「人數較多的印度教徒」、「人數較少的伊斯蘭教徒」和「印度各土邦」三個主要群體組

成一個獨立的「印度聯邦」。但是因爲印度教徒和伊斯蘭教徒之間的宗教對立日益嚴重，印度穆斯林希圖建立獨立的穆斯林國家，以致於該印度聯邦方案未能獲得共識。

英國轉而提出「蒙巴頓方案」，決定印巴分治，按照宗教信仰分別成立印度教徒占多數的印度和穆斯林占多數的巴基斯坦兩個獨立國家，以「雷德克里夫線」（Radcliffe Line）作爲兩個國家的分界線，同時讓當時印度各土邦自由決定加入印度或巴基斯坦，或保持獨立。

然而，其中的查謨—喀什米爾土邦內部，占邦內大部分人口的穆斯林希望加入巴基斯坦，印度教徒則希望加入印度，意見不一，社會陷入紛爭，身爲印度教徒的王公哈里·辛格則希望保持查謨—喀什米爾的獨立。

戰爭導火線

巴基斯坦入侵土邦，印度跟進出兵

在此背景下，巴基斯坦於獨立後聯合親近的部落軍隊入侵查謨—喀什米爾土邦，以致希圖獨立的哈里·辛格出逃印度，隨後印度也出兵查謨—喀什米爾土邦，印巴雙方發生武裝衝突，爆發第一次喀什米爾戰爭（印巴戰爭）。

爲了平息戰爭，聯合國於一九四八年設立了印巴問題委員會（United Nations Commission for India and Pakistan, UNCIP），建議雙方停火並舉行公民投票決定

名詞解說

雷德克里夫線（Radcliffe Line）

一九四七年八月十七日公布的印巴分治分界線，分割印度以及東西巴基斯坦的邊界線。

雷德克里夫線的劃定時間十分短暫，在劃定之後也引發了一些糾紛，同時造成了兩國穆斯林人口和印度教徒的大遷徙。

查謨—喀什米爾土邦

一八四六至一九四七年，存在約一百年的時間，先後曾是阿富汗帝國杜蘭尼王朝、錫克帝國的一部分。

一八四六年，英屬東印度公司打贏第一次英國錫克戰爭後，查謨—喀什米爾土邦成立，改由王公治理。

印度在喜馬拉雅山控制線上標記勝利日（VIJAY DIWAS），紀念1999年印度在卡吉爾戰爭中戰勝巴基斯坦軍隊。

喀什米爾的未來。

經過調停談判，印巴兩國同意停火，並於一九四九年簽署《喀拉蚩協議》，同意劃設停火線，由聯合國監督停火，但並未舉行公民投票。

印度在其控制地區內成立「查謨－喀什米爾自治邦政府」；而巴基斯坦在其控制地區成立「自由喀什米爾自治政府」。喀什米爾戰爭最終分裂查謨－喀什米爾土邦，但留下領土爭議。

之後，一九六五年發生第二次喀什米爾戰爭（印巴戰爭），在美國與蘇聯的介入下，印巴雙方停火，發表《塔什干宣言》。

一九七一年印度趁巴基斯坦國內發生動亂，出兵東巴基斯坦，兩國發生第三次印巴戰爭，戰爭擴大至西巴基斯坦。結果巴基斯坦戰敗，原來的東巴基斯坦獨立成爲孟加拉國。

這場戰爭讓印度消除了東、西巴基斯坦在地理上對其構成的夾擊之勢。

地緣緊張性

印巴失去緩衝地帶，中國無法置身事外

第三次印巴戰爭結束後，印巴兩國於一九七二年簽署《西姆拉協定》，雙方將第三次印巴戰爭後，在查謨—喀什米爾地區劃設的**停火線**轉換爲「**控制線**」（Line of Control），並且不能單方面改變現狀。

不過，《西姆拉協議》並沒有根本解決爭議，印巴兩國接下來仍在喀什米爾地區發生衝突。例如，巴基斯坦軍隊在一九九九年越過了印度控制線，兩國發生卡吉爾戰爭。二〇一九年，印度安全部隊人員受到巴基斯坦境內的伊斯蘭武裝組織**穆罕默德軍**（Jaish-e-Mohammad, JeM）襲擊並造成傷亡，隨後印度空襲巴基斯坦境內的穆罕默德軍營地，以致兩國在喀什米爾爭議地區再次發生嚴重武裝衝突。

事件之後，印度廢止憲法第三百七十條，取消查謨—喀什米爾邦的自治地位，將其分割成查謨—喀什米爾和拉達克，並改制爲中央直轄的聯邦屬地。

二〇二〇年，**巴基斯坦也宣布要把吉爾吉特—巴提斯坦升格爲「省」**。

兩邊的改制作爲是將其控制的地區視爲國土，形同改變現狀，兩國失去緩衝地帶。這將影響目前中印領土爭議的狀態，也增加中國推展「一帶一路」自新疆經由「中巴經濟走廊」（CPEC）**延伸至阿拉伯海的風險，進而影響中國企圖利用「中巴經濟走廊」與「中緬經濟走廊」分別自東西兩邊進入印度洋，連結同**

名詞解說

穆罕默德軍（Jaish-e-Mohammad, JeM）

二〇〇〇年創立的伊斯蘭武裝組織，曾對印度發動多起恐怖攻擊，也曾試圖暗殺巴基斯坦總統。聯合國安理會曾表決要將穆罕默德軍首領列入全球恐怖分子名單，但遭中國否決。

時也是中國「一帶一路」下的斯里蘭卡漢班托塔港，對印度形成包圍之勢。

因此，印巴領土爭議現狀的改變，中國勢必無法置身於外，需要介入其中來維持其「一帶一路」戰略推進，恐將讓未來的印巴主權爭議更加複雜難解。

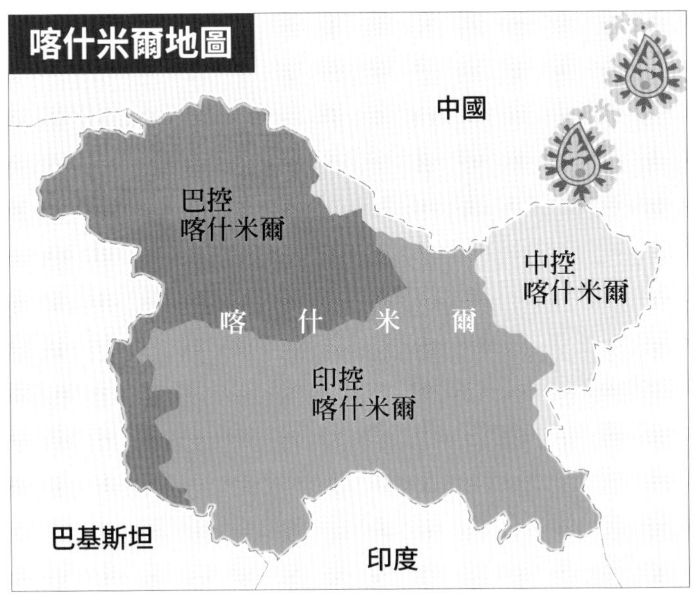

印、中、巴三國比一比

48起

印度擁有超過 10 萬公里的火車鐵道，每天載客量超過 2500 萬人次，但安全方面卻讓人擔憂。2022 至 2023 年度，就有 48 起致命的鐵道意外，比前一年的 34 件更多。2023 年甚至發生列車相撞，導致至少 288 人死亡的重大意外。

印度數字密碼

4部

印度寶萊塢是產量驚人的電影產業寶地，平均 1 天就有 4 部新電影推出。不過其實寶萊塢並不是唯一的產地，位於清奈的「考萊塢」和海德拉巴的「托萊塢」創作數量也很驚人。

3.33億

印度教是印度最主要的宗教，信仰神明數量超過 3 億，信徒則超過 10 億人，因此想在印度教中成為出名的神，例如濕婆神、象神和阿修羅，可不容易。

16分鐘

印度是世界上女性地位最低落的社會之一，根據 2019 年統計，平均每 16 分鐘，印度警方就會接獲一起強暴案通報。注意：這還是有報案的數字而已。

4000年

咖哩已經在全世界流行了數百年之久，但考古資料顯示，最早出現在印度的咖哩，是在 4 千年前，當時古印度人就已經將芥子、茴香、孜然、酸豆等加在一起搗碎加入料理，是最早的咖哩原型。

29億美元

印度教神話中濕婆（Shiva）的坐騎是牛，印度人敬奉牛是世界出名的。但耕田用水牛不在信仰範圍，最終屠宰出口。2021 年，印度出口牛肉的貿易額高達 29 億美元，是世界第 4 大牛肉出口國。

35%

邦加羅爾是印度科技重鎮，全印度 35%的 IT 人員都在這裡工作，前 5 大軟體公司也落腳此地，一年可以貢獻印度全國 GDP 的 8%，又被稱為「印度矽谷」。

3.2萬具

恆河是印度教中的母親之河，更有傳說要在恆河邊的瓦拉納西火化，才能打破輪迴獲得救贖，這也導致了每年有 3 萬 2 千具屍體在恆河邊焚燒，加上家庭排放、工業廢水，使恆河成為含菌數最多的河流之一，每 100 毫升的河水，糞便大腸桿菌數可以達到 11 億，是世界衛生組織建議沐浴用水標準的 50 萬倍之多。

寶萊塢，當代印度最絢麗的妝容

印度文化多元而複雜，在國境內，相隔幾十公里的城鎮，常常就是使用不同語言的族群。但「寶萊塢」（Bollywood）電影產業卻以流行文化的方式，讓印度社會有了集體嚮往和共同面貌。

寶萊塢電影通常是華麗歌舞片，綜合歌唱、舞蹈、多角戀愛、糾葛親情、奢麗場景等元素，就像印度獨特的馬薩拉香料般，是濃烈而適口的多元混合體。

1. 寶萊塢演員講究能演、能唱、能跳，要以最通俗的魅力擄掠跨種族、跨宗教、跨年齡群眾的心。男星沙魯克汗（Shah Rukh Khan）從 1990 年代紅到今日，已是寶萊塢代表人物。
2. 電影視覺構成和電影海報則以鋪張、鮮豔著稱，務求每個場景都要把圖像精華濃縮到極致，達成眼花撩亂的視覺效果，讓觀眾看完電影後有充分飽足感。
3. 經過數十年發展，寶萊塢電影質與量兼具，並發展出獨特藝術語彙，與美國好萊塢各踞東西，彼此對照，毫不遜色。近年，寶萊塢也時興將歌舞劇搬上舞台，出國巡迴演出。

4 換位思考，各國眼中的印度

各國的地理位置不一樣，看到的印度價值也不同。

換位思考，從各國的視角看印度，可以全方位理解各國盤算，找出國際叢林的新法則，瞭然衝突與結盟的背後考量。

美國眼中的印度

美國在後冷戰時代認知到印度崛起的事實及中印關係不睦，因此積極扶植印度崛起，希冀印度有能力和意願成為制衡中國的前線國家。

文／方天賜（清華大學通識中心副教授兼印度中心副主任）

美國眼光一
中國崛起，美國扶植印度

印度與美國在冷戰期間的關係不佳，主要原因是印度高舉「不結盟」政策，不願意加入美國圍堵共產主義的陣營，實質上卻與蘇聯親近。一九七一年，印度爲了介入孟加拉獨立戰爭，還與蘇聯簽訂具有軍事同盟性質的《印蘇友好合作條約》藉以牽制中國，但也因此讓美國感到不悅。

冷戰結束之後，印度失去蘇聯這位重要國際盟友，因此不得不調整與西方世界的關係。一九九一年印度開始推動全方位經濟改革，讓國際社會開始注意到印度的發展潛力。一九九八年，印度進行核武試爆並發展核子武器，雖然一度遭到歐美的制裁，但旋即以中國威脅論爲由，取得歐美的諒解。印度正好藉此強化軍事能力。

在後冷戰時代，美國逐漸認知印度崛起的事實及影響力，加上印度與中國關

名詞解說

印度—太平洋經濟框架 (Indo-Pacific Economic Framework for Prosperity, IPEF)

二〇二一年美國總統拜登在東亞峰會上提出的構想，主打公平貿易、供應鏈彈性、基礎設施、潔淨能源與去碳化、稅收和反腐敗這個價值支柱。共有十四個參與成員國，包括美國、日本、韓國、澳洲、紐西蘭、印度、新加坡、馬來西亞、印尼、泰國、越南、菲律賓、汶萊和斐濟。成立背景主要是因為中國發起的「區域全面經濟夥伴協定」（RCEP）開跑，與美國退出了「跨太平洋夥伴協定」（TPP），美國亟須一個印太經濟架構來抗衡中國的經濟影響力。

係不睦，因此美國便積極扶植印度崛起，指望印度有能力及意願成爲制衡中國的前線國家。美國自二〇一七年起推動「印度—太平洋」（印太）地緣概念，取代過去常用的「亞洲—太平洋」（亞太）論述，最明顯的區別就是將印度納入新的地緣戰略中，以顯示美國對印度戰略重要性的重視。

在安全上，美國與日本、印度、澳洲重啓「四方安全對話」，將美印的馬拉巴爾（Malabar）海軍演習，由雙邊擴展成美日印澳四國參與的機制；在經濟上，美國推出**「印度—太平洋經濟框架」**（Indo-Pacific Economic Framework for Prosperity, IPEF），也邀請印度加入，並積極協助印度發展半導體等科技產業，意圖利用印度稀釋中國在全球供應鏈中的重要性和帶來的風險。

美國眼光二 與印全面性合作，達到去中國中心化目標

美印兩國在二〇二〇年二月建立「全面性全球戰略夥伴關係」（Comprehensive Global Strategic Partner Relations）。印度總理莫迪在二〇二三年六月訪美進行國是訪問，雙方發表《聯合聲明》（Joint Statement），明列「科技夥伴關係」、「國防夥伴關係」、**「清潔能源」（Clean Energy）轉型**」、「深化戰略聚合」、「推動全球成長」

2023 年美國為強化美印間的軍備轉移，同意出售 MQ-9B「海上衛士」無人機給印度。

（Propelling Global Growth）、「賦權未來世代，保護人民健康」等合作項目。

換言之，美印有意發展廣泛和全面性的合作關係。

其中，最值得注意的包括科技與國防上的合作。美國與印度在二〇二三年一月啓動《美印關鍵和新興技術倡議》（iCET），強化兩國在太空、半導體供應鏈、電訊、量子科技、新興科技研究、人工智慧、加速器的合作。二〇二三年三月印度再與美國簽署《半導體供應鏈暨創新夥伴關係瞭解備忘錄》，規劃建立美印半導體供應鏈韌性和多樣化的合作機制。美國半導體美光科技（Micron Technology）等大廠也宣布擴大對印度投資。

這些舉措都是協助印度成爲新的全球供應鏈生產中心之一，以符合去風險化、多元化、去中國中心化的目標。印度總理莫迪在演講中提到，人工智慧（Artificial Intelligence）的縮寫「AI」也可以作爲「美國和印度」的縮寫，藉以彰顯兩國關係的聯合及重要性。

美國眼光三
制衡「一帶一路」，全面布局印度周邊

其次，美國希望增加對印度的軍售。

目前，印度的多數軍備仍來自前蘇聯或俄羅斯，使得印度對俄羅斯產生相當程度的依賴，這種困境便反映在印度對於俄烏衝突的立場。印度雖然是「四方

名詞解說

清潔能源（Clean Energy）轉型

清潔能源又稱「綠色能源」，在產生過程中不破壞環境，不排放汙染物，例如水力發電、風力發電、太陽能等。一個國家往潔淨能源轉型可減少在經濟發展過程中帶來太大的環境壓力與汙染。

自由走廊（Freedom Corridor）

於二〇一七年提出，以印度和日本為核心，協助沿線國家興建基礎設施，推動亞洲、非洲和中東的貿易投資關係，藉以平衡中國的「一帶一路」區域衝擊。

安全對話」成員國，但並未譴責俄羅斯或對其進行制裁。爲了強化美印間的軍備轉移，美國在二〇二三年同意出售三十架MQ-9B「海上衛士」無人機給印度，用來巡防與中國及巴基斯坦的邊界。奇異公司（General Electric, GE）則與印度共同生產製造F414渦輪發動機，使用於印度製造的「光輝2型」（Tejas Mk-2）輕型戰鬥機，成爲美印國防合作的新指標。

美國爲了回應中國「一帶一路」倡議在南亞的布局，除了拉攏印度之外，更試圖強化與斯里蘭卡、馬爾地夫、尼泊爾等國家的關係。舉例而言，馬爾地夫已於二〇二三年六月重設駐美國大使館，美國亦表達在馬爾地夫建立大使館的意願。此外，美國早就自英國手中租借迪戈加西亞（Diego Garcia）島作爲軍事基地，以箝制中國在印度洋的軍事行動。

在二〇二三年的新德里G20峰會上，美國與印度等國宣布建立「印度—中東—歐洲經濟走廊」（India-Middle East-Europe Economic Corridor, IMEC）計畫，主要就是用來制衡中國的「一帶一路」。不過，其成效仍要看實際投入的資源而定。**二〇一七年印度就曾與日本聯手推動由亞太延伸到非洲的「自由走廊」（Freedom Corridor）計畫，但未見到具體的進展。**

潔淨能源轉型是美印全面性全球戰略夥伴關係的合作重點之一。圖為印度拉賈斯坦邦塔爾沙漠裡的發電風機，生產綠色能源供應當地需求。

美國眼光四

重印輕巴，代理人角力戰

巴基斯坦與阿富汗是印度在西北邊界最關切的兩個國家。印度與巴基斯坦長期關係不和，常因喀什米爾、恐怖主義等問題爆發衝突。但印巴都擁有核子武器，美國因此期望印巴雙方都保持克制。

由於巴基斯坦與中國關係緊密，美國的南亞政策雖有重印輕巴的傾向，但美國仍不會放棄與巴基斯坦的關係，因爲巴基斯坦是核子武器國家，並與阿富汗塔利班政權交好。印度則冀望美國持續向巴基斯坦施壓，避免後者採取冒進行爲。此外，印度亦擔心遭到中巴在軍事上聯手夾擊，因此須避免與中巴進行**兩線作戰**（Two-front War）。

美國於二〇〇一至二〇二一年期間，爲逮捕基地領袖賓拉登而進軍阿富汗，並推翻當時執政的塔利班（Taliban，或譯「神學士」）政權，改扶植「阿富汗伊斯蘭共和國」政府。印度雖然沒有配合美國派遣軍隊進入阿富汗，但因爲與塔利班政權不睦，所以積極援助「阿富汗伊斯蘭共和國」政權，累積提供超過三十億美元的援助，成爲美國在阿富汗問題上的重要夥伴。

但美軍在二〇二一年撤出阿富汗，導致塔利班重新掌權，讓印度過去在阿富汗的經營化爲泡影。美印目前仍在觀望阿富汗的情勢發展，尚未承認阿富汗塔利班政府。

名詞解說

兩線作戰（Two-front War）

敵方從兩個不同的方向同時展開戰爭，迎戰方會因必須分散作戰能量而處於劣勢。反之，敵方可能會因此而勝算大增。

美中是兩個有能力介入南亞地緣衝突的國家。中國主要是利用「一帶一路」倡議，強化其在南亞地區的影響力。除了印度與不丹之外，其他南亞國家都參與「一帶一路」計畫，「中巴經濟走廊」亦將可能延伸至阿富汗。

美國主導的「印太戰略」是以制衡中國爲目的，但其論述以「自由與開放的印度太平洋」爲核心訴求，偏重海洋領域，並未普遍應用於處理中印邊界、「中巴經濟走廊」，乃至阿富汗情勢的陸地爭議。

在此情況下，美中在南亞地區爆發直接衝突的風險低於東亞或南海地區。但雙方仍以零和遊戲的觀點看待彼此的影響力消長，因此，美中雙方將持續利用盟國或代理人的方式進行角力。

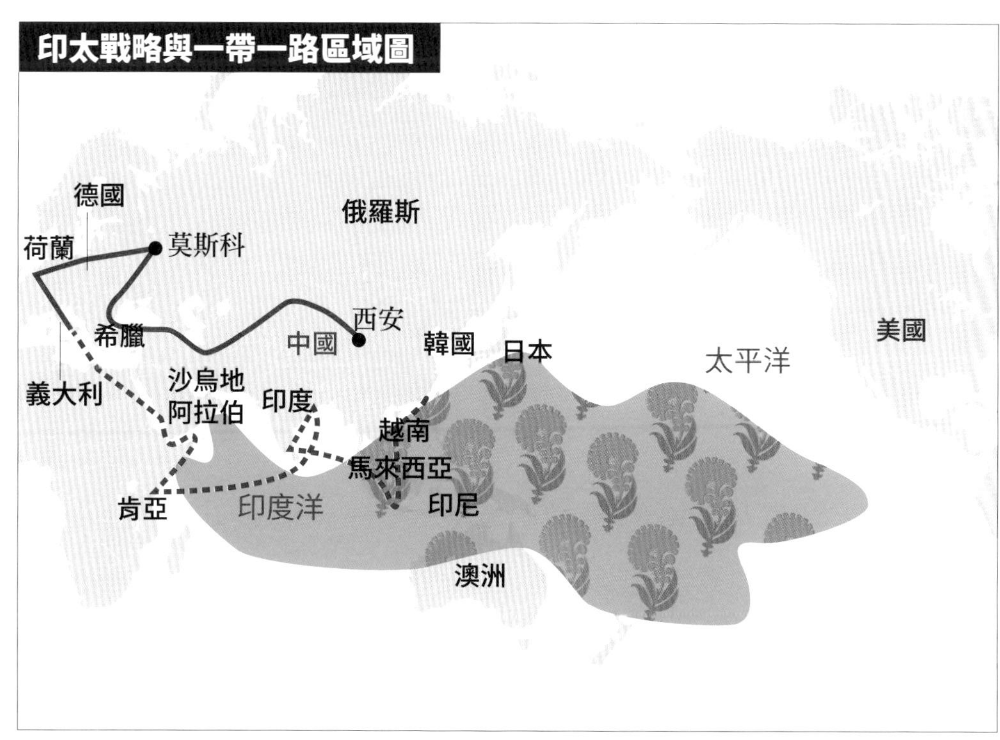

印太戰略與一帶一路區域圖

中國眼中的印度

中國企圖在海上絲路沿線建立全球基地網，但印度控制了印度洋，是中國企圖的最大障礙與挑戰。

文／歐錫富（國防安全研究院中共政軍與作戰概念研究所研究員兼所長）

名詞解說

迪戈加西亞基地（Diego Garcia）

迪戈加西亞位於印度洋，是英國屬地查哥斯群島的主島，被認為是「第四島鏈」的樞紐，戰略功能重要。島上的軍事基地由英國租借給美國使用。

中國眼光一
遭遇類二戰日本擴張困境，確保印度洋航線

中國傳統是陸權國家，改革開放後強調國內資源與市場和國際資源與市場結合，因此積極發展海權。類似日本二戰困境，中國發展海權向東遭遇美日海上強國，因而只能順勢南下，保護通往印度洋這條海上交通線安全和通暢，成爲其核心利益。

中國先後提出麻六甲困境、「珍珠鏈戰略」、「一帶一路」、「141工程計畫」都與此有關，海上絲路無可避免與南亞大國印度發生對撞風險，印度一向認爲印度洋是印度的海洋。

印度北邊以喜馬拉雅山脈與中國爲鄰。在西邊從巴基斯坦開始，都是伊斯蘭教國家，限制了印度在歐亞大陸的發展，因此只能向東看。印度的優勢在海上，印度次大陸深入印度洋一千五百多公里，東邊有孟加拉灣，西側有阿拉伯海，可

視爲印度洋向北延伸的兩個海域。

安達曼—尼可巴群島（Andaman and Nicobar Islands）控制麻六甲海峽西部出口，扼制東亞與西亞及歐洲的海上交通。從波斯灣到麻六甲海峽的石油運輸需要經過印度以南海域，東方與西方航線與石油交通線重疊。

目前印度洋由美國海軍控制，在印度洋中部有一個迪戈加西亞基地（Diego Garcia）。美國提出自由開放的「印太戰略」，海洋大國印度成爲不可或缺需要爭取的對象。

印度則從傳統戰略自主與「不結盟」政策轉爲多方交往，只有朋友沒有敵人，成爲各方爭取的對象。在美國與中俄兩大陣營中，印度一方面參加「四方安全對話」、「七大工業國組織」（G7）與「二十大工業國」（G20）高峰會議；另一方面參與「金磚國家」會議與「上海合作組織」會議。

印度支持自由開放的美國「印太戰略」，但又強調敦親睦鄰不得罪中國，被外界識爲不僅得到蛋糕，而且還吃掉蛋糕。由於本身實力較弱，並與中國接壤無法改變現實，印度不會爲了靠攏美國而做出危害本身安全的選擇。

阿拉伯海是印度洋向北的延伸。印度最大城孟買擁有深水良港，是阿拉伯海重要商港，也是印度控制阿拉伯海的要地。

中國眼光二

１４１工程計畫，中印遠程衝突點也在印度洋

在中國的世界視野裡，中國、美國、俄羅斯是三強鼎立的超強關係，印度、日本等國，屬於第二層級的大國關係。

中印兩國可能衝突地點，一在北部邊境，一在印度洋。由於北部邊境劃界糾紛，中印兩軍在實際控制線發生小規模衝突。與機艦侵擾台海中線一樣，共軍侵犯實際控制線是灰色地帶手段，意在模糊實際控制線，最後讓它不復存在。中印邊境崇山峻嶺補給困難，不易爆發大規模衝突，何況兩國都是核武國家。從遠程戰略角度來看，未來中印衝突點在印度洋。

根據洩漏的中國「１４１工程計畫」（Project 141），共軍計畫在二〇三〇年前建立一個橫跨中東、東南亞與非洲的全球軍事網。這個全球軍事網包括五個海外基地與十個後勤支援點。五個海外基地爲赤道幾內亞與加彭、吉布地、阿拉伯聯合大公國**哈里發港**（Khalifa Port）、柬埔寨、莫三比克；十個後勤支援點爲茅利塔尼亞、幾內亞、坦尚尼亞、索馬利亞、巴基斯坦、緬甸、泰國、印尼、巴布亞紐幾內亞、索羅門群島。

中國爲保通往印度洋海上交通線通暢，也深怕麻六甲海峽被遠距封鎖，除了積極經營珍珠鏈多個港口及海上絲路沿線港口外，更將發展目標擴大爲「１４１工程計畫全球軍事網」。

名詞解說

哈里發港（Khalifa Port）
位於阿拉伯聯合大公國首都阿布達比，是中國「一帶一路」重要港口。二〇二一年，美國情報單位發現中國遠洋海運集團（COSCO）疑似在港內進行可疑軍事建設工程，阿拉伯聯合大公國政府則聲稱不知情。

荷姆茲海峽（Hormuz Strait）
全球最重要咽喉點之一，是印度洋進入波斯灣的唯一水道，最窄的地方只有三十九公里，有「能源咽喉」、「世界油源的頸動脈」之稱，既是戰略要塞，也是貿易要塞。

阿拉伯聯合大公國首都阿布達比的哈里發港，在港灣內有石油鑽井平台與停泊的運送石化原料輪船。

中國眼光三

海上絲路全球基地網，印度是最大挑戰

美國蘭德公司《中國建立全球軍事基地之野心》（China's Global Basing Ambitions）報告指出，根據地主**國意願與可行性分析，中國最有可能設立海外基地或設施國家包括巴基斯坦、柬埔寨、緬甸與孟加拉等四國。**

中等意願與可行性國家有巴林、阿曼、沙烏地阿拉伯、印尼、斯里蘭卡、泰國、伊朗、塔吉克、烏茲別克、葉門、吉布地、赤道幾內亞、寮國、吉爾吉斯、黎巴嫩、安哥拉、加彭、肯亞、摩洛哥、坦尚尼亞等二十個國家。吉布地只有中等意願，但因國家經濟狀況不好，因此接受中國在其境內建立基地。

在這二十四個高度與中等意願國家，大多數都位於美國中部司令部責任區域，顯然與中國關切的海上交通線、反恐、能源安全等議題有關。

美國國防部在《二〇二二年中華人民共和國軍事與安全發展報告》（2022 Report on Military and Security Developments Involving the People's Republic of China）指

出，共軍尋求擴展其海外後勤與基地設施，以利投射與維持遠程軍力，除了目前吉布地外，可能地點包括柬埔寨、緬甸、泰國、新加坡、印尼、巴基斯坦、斯里蘭卡、阿拉伯聯合大公國、肯亞、赤道幾內亞、塞席爾、坦尚尼亞、安哥拉、塔吉克等國。

中國可能已向納米比亞、萬那杜、索羅門提出建設基地要求，二〇二一年初中國的抽砂船出現在柬埔寨的雲壤（Ream），以投資擴建該海軍基地。雖然中柬雙方都否認，雲壤將是中國在印太的第一個海外基地。共軍對中國到**荷姆茲海峽**（Hormuz Strait）沿線、非洲以及太平洋島國，取得海外基地深感興趣。

中國為了取得國際資源與市場，海上絲路成為中國成長與發展的生命線。海上絲路表面上是經濟掛帥，實際上隱藏著軍事意圖，是麻六甲困境、「珍珠鏈戰略」以及「141工程計畫」的軍民兩用版。中國企圖建立以海上絲路沿線為主的全球基地網，但印度洋的印度可能是其最大的挑戰。

在直升機上俯瞰荷姆茲海峽沿岸，地勢險峻，足稱「戰略咽喉」。

俄羅斯眼中的印度

從印度獨立至今，印俄兩國在情勢困難時，都會堅決站在對方這一邊，防止彼此被孤立。對俄羅斯來說，獨立於美國與中國之外的印度，符合俄羅斯的亞洲布局，俄羅斯也樂於出口武器給印度。

文／張孟仁（輔仁大學義大利語系副教授兼系主任、外交暨國際事務學程召集人）

俄羅斯眼光一

印度憲法明列「社會主義」，印俄防止彼此被孤立

以戰略地理位置來看，俄羅斯基本上在北緯四十五度以北，氣候偏冷；印度則在北緯三十度以南，氣候屬熱，兩國資源恰好可供互補。印度占據了南亞板塊的主體部分，地理位置優越，俄羅斯（前蘇聯）倘若能夠在印度建立軍事基地或擁有出海口，即能實現南下印度洋的戰略。

俄羅斯和印度有著歷史悠久的互利關係。一九四六年印度還沒獨立，領導人尼赫魯就迫不及待地跟蘇聯建交。**儘管印度被西方稱爲世界上最大的民主國家，但憲法裡載明了印度是個「社會主義」世俗的民主共和國，相當符合蘇聯及俄羅斯的立場。**

從歷史角度來看，雙方在一九七一年簽署《印蘇友好合作條約》。在冷戰期間蘇聯曾對印度進行經濟和技術援助，特別是鋼鐵、發電和重工業等國營部門。

名詞解說

《印蘇友好合作條約》

印度與蘇聯一九七一年簽訂的合作共識，內容含括科學、藝術、體育等領域，雙方承諾不會參加針對對方組織的軍事聯盟，且會在對方遭受攻擊時提供軍事支持。

另外，**美國、巴基斯坦和中國的結盟也導致蘇聯和印度的戰略利益趨近。**

就國防領域來看，蘇聯（俄羅斯）在一九七一年印巴戰爭和印度一九九八年核彈試驗中有著重要貢獻，提供印度最敏感的武器裝備。

一九五七至一九七一年間，蘇聯在聯合國六次動用否決權支持印度。印度也在近期的俄烏戰爭中數次對聯合國針對俄羅斯的決議投了棄權票。當形勢變得困難和不確定時，兩國堅決站在對方這邊，展現反對孤立的企圖。

俄羅斯眼光二
武器、能源貿易，挾印制中

在政治上，一個獨立於美中並具有國際影響（但不需要強大）的印度符合俄羅斯的亞洲布局；**在經濟上，**俄國軍火工業是國家能源工業外的一大經濟支柱，印度是進口俄羅斯武器最多的國家。

俄羅斯相當重視印度的戰略角色與地位，在過去諸多國際議題中，俄羅斯力挺印度態度相當明確，例如印度對喀什米爾地區的控制。

同樣，蘇聯爲了借助印度進入印度洋，對印度進行經濟和軍事援助。**印度和俄羅斯同屬「金磚國家」，還在俄羅斯力主下拉印度加入「上海合作組織」，以平衡中國拉入巴基斯坦的勢力。**

整體觀之，俄羅斯以武器及能源貿易布局維繫與印度的關係，其中最爲外界

俄羅斯從蘇聯時期就與印度有深厚的國際合作默契。圖為 1984 年蘇聯為紀念蘇印合作發展太空計畫所發行的郵票，充滿蘇聯式寫實主義艷麗色彩。

俄羅斯總統普丁掌權二十幾年，積極與印度保持聯盟關係，也表態支持印度爭取聯合國安理會常任理事國席次。

關切的是「核能」，近年俄羅斯更大幅增加對印度的石油天然氣和核電供應，避免印度被西方拉攏，也藉此打破西方在俄烏戰爭後的經濟封鎖。

二〇〇〇年十月，**俄羅斯總統普丁訪問印度，雙方簽署了《印俄戰略夥伴關係宣言》，主張俄羅斯支持印度爭取改革後聯合國安理會的席次，印度則支持俄羅斯在多極世界**（Multipolar World）和導彈防禦的立場。此後，**俄印雙方也簽訂多項強化「特殊且具特權的戰略夥伴關係」**文件。

俄中關係愈緊密而矛盾便愈發顯著，俄若欲「聯中抗美」又不受制於中，**必然得「挾印制中」**而多方平衡。**所以，俄羅斯聯中抗美必須穩固俄印關係**，同時有助於**主導俄中關係**。

俄羅斯眼光三

印度可信賴，對俄羅斯軍備依賴

值得一提的是，從前沙俄、**前蘇聯都意圖南向在阿富汗**、**巴基斯坦尋找出海口，現在的俄羅斯亦然。**

然而，印度從英屬殖民地獨立建國以後，奉行「不結盟」政策和大國崛起政策，有意將自己變成世界強國。在這種國策下，即使冷戰時期印度和蘇聯保持了友好關係，但是印度也不允許蘇聯在自己的境內建立軍事基地和出海口，故俄羅斯企圖通過印度實現南下印度洋的戰略難度非常高，遑論現今印度還是美國拉攏的對象。

此外，印度的「不結盟」外交政策使印度並不輕易倒向任何一邊，因此俄羅斯基於防範美中，一直將印度視爲值得信賴的國家，俄印兩國共同主張貿易「去美元化」，使用本幣進行貿易。

此外，印度對俄羅斯軍備的依賴，主要是用來對抗中國的軍事威脅。簡言之，印度拉攏俄羅斯有平衡中國勢力的考量，反之亦然，符合俄羅斯忌憚中國坐大的顧慮。此外，印度國防生產力不足，也不會成爲俄羅斯的心腹大患。

俄羅斯眼光四

有共識，俄或印都不想淪爲中美兩國次級夥伴

俄羅斯因烏克蘭戰爭而與西方決裂，開始轉向中國、印度尋求援助。

然而，在中美、中印關係緊張的背景下，倘若實力衰退的俄羅斯淪落爲中國的小夥伴，將迫使俄羅斯更難維持與印度的夥伴關係。

儘管如此，俄羅斯與印度的夥伴關係仍將繼續，對於印度來說，俄羅斯仍然

名詞解說

大國崛起政策

印度前總理尼赫魯倡導：「印度以她現在所處的地位，是不能在世界上扮演二等角色的，要麼就做一個有聲有色的大國，要麼就銷聲匿跡。」「印度命定要成為世界上第三或第四位最強大的國家。」

是重要的武器供應國，最近還供應石油。

美國國會二〇二一年十月的一份報告稱，沒有俄羅斯提供的裝備，印度軍隊就無法有效運作。俄羅斯以相對有吸引力的價格提供武器，其次印度人員熟悉俄製設備，更遑論俄印關係經歷了時間的考驗。

另一個主要原因，不管是俄羅斯或印度都不想淪爲中國或美國的次級夥伴，要避免這種結果，印俄會盡可能地相互支持。

面對日益敵對和強大的中國，印度不會願意放棄與俄羅斯的長期安全關係，並將努力維護這種關係，部分原因是對美國可以成爲信賴夥伴缺乏信心。

如果未來印度周邊地緣發生衝突（中印衝突、印巴衝突），只要前提是俄羅斯不想淪爲老二，俄羅斯肯定會一如既往般襄助印度，不管是動用安理會的力量或是販售武器助拳。

印度的蘇愷-30MKI 戰鬥機是由俄羅斯支援，在印度組裝。兩國軍事合作緊密。

日本眼中的印度

經濟發展的潛力、區域安全上的影響力、民主主義的普世價值觀等要素，讓日本在評估印太地區戰略規劃之際，就把印度視為最重要的核心成員國家。

文／李世暉（政治大學日本研究學位學程教授、台灣日本研究院理事長）

日本眼光一
強大的印度是日本的利益

歷史文化上，日本與印度產生的重要連結，最早是印度佛教的東傳日本。在佛教世界觀的影響下，九世紀平安時代的日本對外世界觀的認識，只有本朝（日本）、震旦（中國）與天竺（印度）。

軍事戰略上，日本與印度初步的接觸，是在二次世界大戰期間，日本陸軍與英國在印度交戰之際，屬於英國陣營的印度國民軍曾經一同參戰。進入冷戰時期之後，日本屬於歐美的自由民主陣營，並以《美日安保條約》與美國建立軍事同盟關係。**獨立的印度，雖打著「不結盟國家」的旗幟，但在軍事安全上，形同蘇聯的同盟國。因此，冷戰時期的日本與印度之間，除了經濟援助之外，並未有任何政治、外交與戰略上的重要交集。**

然而，進入二十一世紀之後，日本眼中的印度，出現了與過去不同的戰略價

名詞解說

《美日安保條約》(Treaty of Mutual Cooperation and Security between the United States and Japan)

一九六〇年美國和日本簽訂的條約，宣示兩國將共同維持與發展武力，如果日本領土受到攻擊，即視為對美國的危害，這也讓美軍駐日有了明定的條文依循。

日本在前首相安倍晉三第一次上任後，即與印度建立戰略夥伴關係。圖為印度飛彈驅逐艦出現在日本神奈川海域。

值意義。

首先，印度於二〇〇一年被列爲具經濟發展潛力的「金磚四國」之一，經濟實力受到全球關注。

其次，中國的經濟與軍事威脅日益升高，與中國之間存在領土紛爭的印度成爲可爭取的盟友。

其三，印度位於歐亞大陸的中央，且周邊海域爲日本海上生命線必經的航道，地緣戰略地位重要。

在上述的背景下，二〇〇六年，日本與印度發表共同聲明，以建構日印全球性戰略夥伴關係爲目標。二〇〇七年**八月，安倍晉三以首相身分在印度國會發表演說，特別強調：「強大的印度是日本之利益，強大的日本是印度之利益。」**

之後，日本乃積極發展與印度之間的互動關係，並藉由「四方安全對話」、「自由與開放的印太地區」等戰略，與印度形成實質的安全、經濟合作關係。

日本眼光二

納印度爲印太戰略核心成員國

就數據上來看，印度現在是世界第五大經濟體，人口最多的國家，並在全球範圍擁有兩千萬的印度僑民。印度國內各省制度雖然不一，但民主政權相對穩定，獨立建國至今未曾發生過軍事政變。

此外，印度擁有核子武器以及一百四十八萬人的常備部隊，屬於區域的強權國家。

綜合經濟發展的潛力、區域安全上的影響力、民主主義的普世價值觀等要素，讓日本在思考印太地區戰略規劃之際，就把印度視爲最重要的核心成員國家。

在此必須強調的是，印度長期以來在外交上採取「不結盟」主義。雖然在政治體制上與西方國家相近，但在外交與安全事務上，卻刻意與西方國家保持距離，強調走自己的路線。**因此，在日本的大戰略角度來看，與印度的實際合作，仍存在幾項重大的課題有待克服**。

第一，在經濟安全的戰略下，日本想以印度的資源、生產要素、市場來取代中國，但目前印度的工業基礎與市場機制尚未成熟，無法立即取代中國。特別是目前全球關注的供應鏈、稀土等領域，印度尚須一段時間方能與中國競爭。

第二，在地緣政治的安全保障戰略下，日本想與印度合作共同遏制中國的威脅，但陸上軍力與海上軍力的差異形成戰略上的缺口。由於美日澳三國均爲海洋國家，而印度與中國的紛爭主要來自陸地邊界。對印度而言，「四方安全對話」也許有能力防衛海上秩序，但卻無法嚇阻來自於陸地的中國威脅，這也會降低印

名詞解說

有事
日文中的「有事」是指發生「戰爭」或「重大災害」的意思，是會影響社會秩序的大事件，與中文的「發生事情」意思不同。

度積極參與「四方安全對話」的意願。

日本眼光三

「印度有事」與「日本有事」連動

值得注意的是，對照過去十年中國在日本東海水域，以及中印邊界的入侵次數，可以發現相同的增加趨勢，特別是二〇一九年後呈現急遽增長的態勢。

從中國的行動來看，其對中日鄰接水域以及中印邊界的入侵，已將日本與印度視爲一體。換言之，印度有事與日本有事之間，會呈現一定的連動關係。此一連動關係雖然會提升對中國的嚇阻力，但也會讓中印邊界的衝突擴大至東亞地區。

此外，除了中印關係之外，印度與巴基斯坦之間的緊張關係，以及中巴之間的戰略夥伴關係，都讓此一地區的情勢更加複雜。

總的來說，「印太戰略」的四個成員國當中，印度正面臨重要的改變時期。包括經濟上是否能順利走向製造業大國、外交上是否能積極扮演國際角色、軍事武器上是否能擺脫俄羅斯系統等。這些情勢改變，都將考驗印度的戰略規劃與執行能力。而印度在經濟、外交與軍事上的方向改變，勢必牽引著日本「印太戰略」的未來走向。

日本現任首相岸田文雄延續安倍晉三路線，維持日本積極參與國際事務的態度。

巴基斯坦眼中的印度

對巴基斯坦而言，印度是地緣上的天敵。由於印巴之間的喀什米爾主權爭議，使得印巴衝突成為長期結構性的議題，巴基斯坦耗費了大量的國力在維持印巴地緣政治的平衡，因此也造成國家經濟不夠穩定。

文／黃恩浩

巴基斯坦眼光一

印度的意義只存在於歷史

古代印度是個地理統稱，範圍除了現在的印度之外，還包括巴基斯坦、孟加拉、尼泊爾、不丹、錫金，以及部分緬甸等地。

十六世紀初，蒙古進攻古印度北方，建立了蒙兀兒帝國，並將伊斯蘭教帶進現在的巴基斯坦與孟加拉地區；但位處南方的印度教並未受到影響，爲後來的印巴分治埋下潛在衝突伏筆。

一八五八至一九四七年間，古印度淪爲英國殖民地。二戰結束後，英國在一九四七年六月提出「蒙巴頓方案」把英屬印度劃分成兩個部分，同年八月十五日以穆斯林爲主體建立巴基斯坦國；八月十四日則以印度教徒爲核心建立印度國。印巴分治正式形成，同時也爲印巴喀什米爾主權問題開啓爭端。

基於不同宗教信仰與民族主義等因素，使得印巴的敵對關係迄今仍無法解決，

名詞解說

《西姆拉協定》(Simla Agreement)

一九七二年，印度與巴基斯坦在第三次印巴戰爭停火後未久所簽訂的協定，其中載明中印兩國結束衝突，尊重彼此主權，雙方各自退回各自的一側邊界內。

巴基斯坦與印度關係長期緊張，邊境派有荷槍軍隊警戒。

印度在巴基斯坦眼中只存在歷史上的意義。

冷戰期間，美國曾試圖拉攏巴基斯坦以抗衡前蘇聯與印度的軍事合作，造成南亞變成美蘇對抗中爭奪權力的重要戰略高地。再者，印巴因喀什米爾主權爭議，曾爆發三次武裝衝突，並於一九七一年斷交。

一九七二年，印巴簽署了**《西姆拉協定》**（Simla Agreement），雙方同意尊重一九七一年在喀什米爾地區停火後所形成的實際控制線。儘管在一九七六年印巴同意恢復外交關係，但雙方關係仍持續緊張。

在與印度對峙的過程中，巴基斯坦軍力有限且居於劣勢，爲了在軍事上能夠與印度抗衡，巴基斯坦自一九七〇年代開始就緊跟印度之後發展核武。

即使自二〇〇四年以來，印巴啓動全面對話進程，雙邊關係漸趨緩和，但印度在冷戰結束後快速的崛起與影響力擴張，仍讓巴基斯坦備感壓力。

因此，「印度」在地緣上對當代巴基斯坦而言，幾乎可以用「天敵」兩個字來形容。

巴基斯坦眼光二

重視印度威脅，輕忽經濟發展

與印度敵對的態勢中，巴基斯坦幾乎將國家安全重心放在因應印度威脅，而輕忽地緣經濟發展。

巴基斯坦太過於依賴大國投資、經濟援助和地緣戰略規劃，造成其經濟發展受制於他國。例如，在二〇〇一年的九一一恐攻事件之後，美國拉攏巴基斯坦合力對付阿富汗蓋達恐怖組織，巴基斯坦因此獲得美方大量經濟援助與國際貨幣基金的優惠貸款。

再者，基於中國與巴基斯坦的長期友好關係，巴基斯坦於二〇一三年接受中國在其境內興建「中巴經濟走廊」的計畫，中國因此在巴基斯坦投資數百億美金並提供財政援助。雖然自二〇二一年以來，巴基斯坦開始提出「從地緣政治向地緣經濟轉變」的口號，但若其倚賴大國的心態不變，加上地緣政治環境持續不穩定，其經濟將很難有突破性的發展。

巴基斯坦眼光三

美中競爭白熱化，制衡印度難度高

巴基斯坦自建國以來就奉行獨立自主和「不結盟」外交政策，在加強發展與周邊伊斯蘭國家和中國友好關係的同時，也發展與美國的關係。隨著美中戰略競

名詞解說

南亞恐怖組織

南亞被視為全球反恐戰爭的前線戰場，包括巴基斯坦、印度、孟加拉等國境內都遭受恐怖主義威脅，恐怖攻擊不斷，且多與伊斯蘭激進組織有關。

巴基斯坦把國家重心放在因應印度威脅，長期依賴大國經濟援助，近年更因缺水問題，讓農業面臨極大挑戰。圖為鄉間居民大老遠頂著容器去取水。

爭白熱化，巴基斯坦究竟要如何與美中維持穩定關係並獲取資源，以支撐其國家發展並制衡印度威脅，此乃是巴基斯坦目前所要正視的戰略問題。

此外，阿富汗政局的不確定性也關係著巴基斯坦能否扮演好一個區域協調者的角色。美國在二〇二一年自阿富汗撤軍之後，巴阿邊界緊張局勢有逐漸升高之勢，倘若阿富汗塔利班不能穩固政權，各種極端武裝叛亂分子在無政府狀態下就會不受控制，阿富汗將可能陷入另一場內戰而直接影響巴基斯坦安全。

重要的是，巴基斯坦的「俾路支省武裝力量」和「巴基斯坦塔利班運動」在阿富汗邊境都有強大的組織基礎，這些都會對巴阿關係造成嚴重挑戰，所以除了印度之外，阿富汗可謂是巴基斯坦的重要安全考量。

巴基斯坦位處美國反恐最前線，對阿富汗塔利班具有一定的影響力，但因政治複雜、經濟落後且族群對立等問題，導致國家發展面臨困境。如何平衡與美國、中國、印度、阿富汗之間的關係，乃是巴基斯坦外交上相當複雜且棘手的問題，一旦處理不好就將成爲失敗國家，南亞恐怖

組織亦會隨之猖獗。

巴基斯坦眼光四
印巴衝突爲結構性，持續維持緊張

在「不結盟」政策下，**巴基斯坦並未與任何國家發展出結盟關係，但是巴基斯坦與中國和美國的關係發展卻如結盟般緊密。**

與中國間的關係，中巴於一九五一年建交後，就開始展開「全天候的友誼」與「全方位的合作」。例如，中巴雙方於二〇〇五年宣布建立更加緊密的「戰略合作夥伴關係」；二〇一四年雙方發表「關於深化中巴戰略與經濟合作的聯合聲明」，且同意在「一帶一路」架構中合作；二〇一五年，雙方一致同意將雙邊關係提升爲「全天候戰略合作夥伴關係」。

與美國間的關係，基於冷戰期間共同因應前蘇聯入侵阿富汗之故，美巴雙方密切關係早已奠定基礎。儘管巴基斯坦在一九七〇年代因發展核武而遭美方制裁，但在九一一事件後，巴基斯坦不僅加入美國反恐行動，也配合美國打擊國內極端主義勢力，使得美國擴大對巴基斯坦軍事和經濟資源投入，雙方也建立了戰略對話機制。

在美俄長期戰略競爭的態勢之下，巴基斯坦與印度都採取「不結盟」與多邊主義策略，雖然雙方衝突未解且關係改善有限，但也都相對克制不讓衝突升級至

名詞解說

核對抗

即「核武戰爭」，敵對雙方以部署核子武器作為軍事衝突的選項和戰略。

巴基斯坦與中國在建立「中巴經濟走廊」後·合作愈趨密切。圖為巴基斯坦在中巴邊界上的紅其拉甫山口設置全球海拔最高的ATM 提款機。

核對抗。

總之，印巴之間的地緣政治衝突是結構性的，只要喀什米爾主權爭議還在，雙方就會持續維持緊張關係。除視彼此爲主要威脅之外，印度還有來自與中國邊界衝突的壓力，巴基斯坦則有來自阿富汗政局不穩的風險。除非印巴雙方都願意緩和衝突，並將安全重心轉移至面對中國與阿富汗，否則雙方都必須面對地緣上的雙重安全挑戰。

印度最高法院罕見對喀什米爾議題表態

2019 年，莫迪政府閃電宣布取消印度唯一穆斯林為主省份「查謨－喀什米爾」的自治地位，引發印度、巴基斯坦、喀什米爾三地的緊張。

2023 年 12 月印度最高法院進一步裁決此項措施合法，且該地區最晚必須在 2023 年 9 月 30 日舉行新的地方選舉。

由於喀什米爾地區分別為印度、巴基斯坦與中國掌控，敏感而複雜，且印度改變該區多年體制與默契，印巴間的衝突與歧異恐將進一步深化。

東協眼中的印度

東協與印度在戰略利益上合拍，但經濟發展上卻是競爭大於合作。印度為了避免自由貿易傷害國內的產業利益與發展，甚至退出東協主導的「區域全面夥伴經濟協定」，讓雙邊經濟交往遭遇挫折。

文／湯智貿

東協眼光一
戰略利益合拍，攜手印度提升國際地位

在一九五〇年代中期興起的「不結盟」運動中，印度與東南亞國家站在同一陣線，建立友好關係。一九六七年冷戰期間，東協成立，強調「不結盟」、獨立自主的外交，反對區域霸權和反共。

然而，印度於一九七一年和蘇聯簽訂《印蘇和平友好合作條約》，建立緊密的關係，並在一九七八年**東越戰爭**中，支持越南，與東協的立場相左，使得東協對於當時印度的區域戰略立場產生了不確定感，東協和印度的友好關係也因此停止。

不過，冷戰結束後，面對新的國際格局，東協和印度於一九九二年開始進行對話，一九九五年印度成爲東協的對話夥伴，隨後東協與印度的關係逐步增溫提升。東協與印度於二〇〇二年第一次召開峰會，二〇一二年印度成爲東協的戰略

名詞解說

東越戰爭

一九七八至一九八九年柬埔寨與越南之間發生的戰爭，越南稱為「西南邊境保衛戰」，兩國互相指控對方入侵領土。

2017 年印度海軍參加在泰國芭達雅海灘舉辦的東協成立五十週年國際觀艦式（International Fleet Review）。緊接在後面的隊伍是日本海軍。

夥伴，並於二〇二二年繼續深化爲全面戰略夥伴關係。

過去三十年，東協與印度關係往正面方向發展，是因爲雙方戰略利益合拍的結果。一方面，東協國家希望透過把大國納入以東協爲中心的合作協調機制，提升東協國家的國際政治地位，讓東協發展成重要的區域國際組織，印度作爲鄰境大國無疑是納入的對象。

東協眼光二

經濟發展階段相似，競爭大於合作

印度爲重振國家經濟，在後冷戰時期採「東望政策」，展現積極對外開放及交往的態度與作爲，鄰近的東南亞也成爲重點接觸區域。二〇一四年，莫迪政府將「東望政策」更名爲「東進政策」，提高對東協的戰略關注。無論是「東望」還是「東進」，都反映印度認知到東南亞對印度安全的地緣戰略意義。

不過，**在經濟上，雖然印度是東協對話夥伴中第六大的貿易夥伴**（二〇二二年），**但與美國、日本或中國相比，東協與印度的經貿關係不算厚實。由於兩邊處於相似的經**

濟發展階段，彼此在世界貿易與資本市場上競爭大於合作。

印度爲追求「印度製造」，避免自由貿易傷害國內的產業利益與發展，於二〇一九年退出東協主導的《區域全面經濟夥伴協定》（Regional Comprehensive Economic Partnership, RCEP）。**這是東協與印度雙邊經濟交往中不小的挫折。**

近幾年，美中競爭激烈升高，產業鏈轉移與市場分隔愈來愈明顯，東協與印度皆成爲中國市場與製造的重要替代選擇。因此，雖然東協仍積極推展與印度的經貿合作，持續促進貿易和投資便利化，雙邊經貿關係或有進一步擴大深化的機會，但是東協國家在未來還是必須面對印度的競爭。

東協眼光三
印太動態合縱連橫，拉大國協助平衡折衝

對於東協國家而言，當前印度的重要性更多在於地緣政治與安全層次。東協國家爲了建構東協在東南亞區域政治與安全事務的中心地位和自主性，有計畫地透過戰略夥伴關係的連結和多重的區域政治安全協調建制，例如「東協區域論壇」（ASEAN Regional Forum, ARF）和「東亞峰會」（East Asia Summit, EAS），動態地合縱連橫東協與印太區域大國之間的關係，例如美國、日本、印度與中國，藉此讓這些區域大國在東協國家與其他大國的合作與衝突中，能扮演協助平衡折衝的角色。

名詞解說

《區域全面經濟夥伴協定》(Regional Comprehensive Economic Partnership, RCEP)

二〇二〇年簽署，包含東協十國與中國、日本、韓國、澳洲、紐西蘭，共十五個成員國。二〇二二年正式生效。性質屬於統一市場自由貿易協定，透過彼此降低關稅達到非關稅壁壘的效果。

緬甸軍政府

二次大戰後，緬甸脫離英屬印度，由緬甸社會主義綱領黨軍事獨裁。軍政府曾多次武裝鎮壓民眾抗議行動。

東協國家與印度雖在安全戰略上有高度重疊性，但經濟上卻是競爭關係。圖為繁忙的新加坡樟宜機場知名的熱帶雨林造景。

然而，近幾年印太地區地緣政治劇烈轉變，中國與印度的邊境衝突，讓印度認爲中國試圖削弱印度在印度洋區域安全的核心地位。因此，印度透過參與和美國、日本和澳洲組成的「四方安全對話」機制來遏制中國的戰略野心。**但是，東協國家政經性質差異大，各國與美國和中國的關係深淺不一，東協內部對地緣政治局勢演變看法不見得一致，例如對俄羅斯入侵烏克蘭以及應對緬甸軍政府的立場上就存在分歧。**

在此背景下，東協對於對抗中國的「四方安全對話」機制及其支撐的美國「印太戰略」持較爲謹慎的態度。因爲擔心該對話機制會影響東協統一立場的努力，裂解東協國家亟欲維持的東協中心原則，進而削弱東協長久經營的區域政治和安全建制的自主性。

東協眼光四

中印矛盾，促成更多利益交集

不過，對於站在第一線面對中國軍事擴張威脅的東協國家，加上印度與中國之間的矛盾，也讓東協國家與印度的戰略利益有了交集，進而促成進一步的政治和安全合作。

例如，近期印度首度承認菲律賓在南海對中國主權主張的仲裁裁決的合法性；越南、菲律賓和印尼這三個東南亞國家，也分別與印度展開進一步的軍事交流合作與軍火交易，以增強維護海上安全的能力。

簡言之，對東協而言，在經貿上，與印度是競爭又合作的關係；在安全上，印度是制衡中國軍事擴張的重要夥伴，但仍必須時刻注意印度的安全介入，是否會傷害東協在大國間極力維持的中立與區域中心地位。

東協模式

東協國家內部運作特別強調「東協模式」，也就是要互相尊重彼此的主權、獨立、平等、領土完整性及國家認同，以包容、共識、協商的方式來消解內部歧異，其中最重要的原則是「不干預彼此內政」。

也因此，即使緬甸內部長期的紛擾，東協國家也不會干涉緬甸內政。2021 年東協國家曾針對緬甸問題提出五點共識，包括緬甸軍政府應終止暴力、衝突兩方應展開建設性對話、東協指派特使前往緬甸調停、緬甸接受東協特使前往、緬甸接受援助，但緬甸不予理會，東協國家也無法再進一步干涉。

東協國家對地緣安全的看法不一，成員國又有彼此不干涉內政的默契，面對緬甸軍政府鎮壓境內少數民族採取消極的態度就是明顯的例子。圖為長期爭取自治的緬甸克倫民族解放軍。

歐盟與英國眼中的印度

印度由於地緣戰略地位突出重要，加上近年來經濟實力與綜合國力增長，成為歐盟、英國趨之若鶩積極拉攏的對象。

文／張孟仁

名詞解說

戰略自主（Strategic Autonomy）

歐盟執委會的一項戰略政策，主張歐盟在不過度依賴美國等國家的情況下，要能採取對符合歐盟利益的外交政策，並擁有保衛歐洲安全和在鄰國採取軍事行動的能力。

歐盟眼光一

印度扮地緣槓桿角色，有效轉移對中俄依賴

從歐盟的大戰略來看，歐盟因經濟、中俄發展、「印太戰略」等考量，積極布局與印度關係。歐盟將印度視爲轉移對中俄依賴，亦可箝制中俄的重要夥伴。

印度的經濟體大，國際重要性高，擁有核子武器，又與中國有宿怨、與俄羅斯關係密切，同時坐擁美俄兩國的支持，擔任「印太戰略」地緣要角，這種種因素都隱然是歐盟必須積極拉攏的對象。

換言之，印度在國際地緣政治中的「槓桿」角色，是其戰略和經濟價值提升的重要因素。

近年來，歐盟亟欲尋求的「戰略自主」（Strategic Autonomy），恰逢印度外交轉向「親西方」，雙方在「印太」地緣政治競爭上存在共識，甚至在應對疫後全球產業鏈重構及對中國競爭的需求上一拍即合。

從經濟角度觀察，儘管中國在新冠疫情後經濟快速復原，但二〇二一年主要明星經濟體卻轉變爲印度。

歐盟是印度第三大貿易夥伴，印度第二大出口市場，銷往歐盟的產品占印度出口一四%，僅次於美國。歐盟多年來與印度進行了斷斷續續的談判，二〇二一年歐盟二十七個成員國領導人與印度總理莫迪舉行視訊峰會，但歐盟始終未能與印度達成雙邊貿易協定。

鑑於**歐盟執行委員會**（European Commission）主席馮德萊恩（Ursula von der Leyen）力主對中國「去風險化」，歐盟試圖轉移經濟投資中心，並於二〇二二年五月重燃興趣，與印度協議談判二〇一三年擱置的自由貿易協定。

除了經濟盤算之外，歐盟及歐盟成員國與印度在軍事、外交、國際合作等各方面的互動樣樣都來。

較親美國的德國、義大利也積極與印度交往，試圖轉移對中國的市場依賴，並設法拉攏印度中立於俄羅斯。法國則是成功布局軍火買賣，讓印度購買法國戰機，實現了印度對武器進口的多樣化。

歐盟眼光二

歐盟喜歡多極世界，印度抗中正中下懷

從印度地緣性來看，中國利用「一帶一路」對印度南北包抄，並交好印度宿

名詞解說

歐盟執行委員會（European Commission）

簡稱「歐洲執委會」，地點設在比利時首都布魯塞爾，由二十七位執行委員組成，負責執行歐洲議會和歐盟理事會的決議，並提出歐盟相關法案，有「歐盟內閣」之稱。

敵巴基斯坦。為永久性地解決喀什米爾問題，歐盟採取中立，呼籲印巴兩國和國際社會合作來化解喀什米爾地區的緊張局勢。但是印度影響力不斷提升，且指責巴基斯坦支持恐怖主義，這使得巴基斯坦愈來愈難以從西方引進高科技武器。

此外，歐盟極力拉攏印度加入「印太戰略」。**對歐盟和歐盟成員國來說，與印度發展更緊密關係的驅動力也來自利用印度抗衡中國影響力的決心**。歐盟官員曾說，對中國的戒心讓歐盟與印度更加緊密。英國智庫皇家國際事務研究所副研究員帕斯卡爾（Cleo Paskal）也分析，印度對中國的擴張野心感到警覺，印度的戰略家們都對中國在當地增加海洋活動感到不安。

未來隨著印度影響力水漲船高，與歐盟的關係似有走向更緊密的可能。歐盟喜歡處於多極的世界，歐盟會在印度崛起之前與之交好。如果有朝一日，印度周邊地緣發生衝突，如中印、印巴，歐盟會樂於扮演調人。相較於美國，歐盟與中印、印巴關係都較為友善中立，會願意擔負起軍事以外的積極角色。

英國眼光一

後脫歐時代，新貿易機會

印度過去曾受到英國殖民近兩百年，現在依舊是**大英國協**

歐盟執行委員會主席馮德萊恩力主對中國「去風險化」，歐盟也對印度重燃興趣。

（Commonwealth of Nations）的一員，之前充滿不平等與剝削的歷史，讓英國和印度之間關係複雜。但英國脫歐後與歐盟的關係並不融洽，且面臨經濟衝擊和國際影響力下降，所能依靠的最大聯盟就是英聯邦組織。

從英國的大戰略來看，特別是英國脫歐之後重整旗鼓，印度的角色益發重要，不論是從經濟的角度或是戰略（印太）的觀點。

另外，英國也看出亞太爲世界政治經濟重心的重要性。經濟考量成爲英印關係的核心，英國愈來愈仰賴印度來尋求「後脫歐時代」的機會。尤其，二〇二二年印度晉升全球第五大經濟體，英國將印度視爲「脫歐」之後取代原本「歐盟—英國」間貿易的補償。

過去，英國與印度達成貿易協定的努力都以失敗告終。英國首相強森（Boris Johnson）爲了與印度簽署自由貿易協議，打算放鬆移民規定來換取印度首肯，雙方在二〇二一年同意深化合作，建立「深化貿易夥伴關係」（Enhanced Trade Partnership, ETP），並以簽署自由貿易協定（FTA）爲最終目標。英國宣稱該協議能在彼此間創造十四億美元的貿易額，但雙方在市場開放、移民等議題仍存有諸多歧見，導致自由貿易協定至今未完成協商。

英國眼光二
以印度平衡中國，當印巴危機調解者

名詞解說

大英國協（Commonwealth of Nations）

由英國及其舊殖民地國家所組成的國際組織，共有五十六個成員國，以英式英語為共通語言，強調共有一套價值觀，但對成員國的約束力不大。

英國在後脫歐時代把機會望向同為大英國協的印度。圖為倫敦西敏寺伊莉莎白塔前大英國協各國旗幟飄揚。

此外，印度也是英國對中政策改弦易轍的首選。現任英國首相蘇納克（Rishi Sunak）對中國改採一種成熟、平衡的政策：該合作的合作，該競爭的競爭。

蘇納克擔憂中國崛起會對西方世界帶來安全和意識型態層面的系統性挑戰，主張要制衡中國。過去英國重視經濟，過度偏重於中國，而忽視了其他方面如安全問題，以及與其他國家的關係。現在英國要加強跟日本、印度、澳洲以及東協的合作，**簡言之，蘇納克指望與印度發展關係，並納入印度平衡中國。**

英國曾是南亞次大陸的殖民者，也是現在印度和巴基斯坦的宗主國，印巴出於歷史原因，對於英國保有一份特殊的尊重，英國有能力調解雙方的矛盾。

如果日後印度周邊地緣發生衝突，如中印、印巴，英國身爲英聯邦的領導者，相較俄羅斯和美國，更有資格充當調解印巴危機的角色。

另一方面，早年英國在中印邊界衝突雖對印度提供了相當程度但有保留的支援，極力避免刺激中國，試圖在中印之間保持平衡。但現今中國實力已非吳下阿蒙，儘管英國

因香港問題與中國交惡，但也無法眞正爲印度撐腰。

從地緣政治來看，歐盟和英國都指望進一步與印度發展關係，藉由印度經濟共榮，並設法拉攏印度遠離俄羅斯、分散對中國的依賴，且有以印制中的想法。這可從英國首相強森二〇二二年四月訪問印度，促成英印兩國加強國防與商業合作，敦促印度減少對俄國的軍事依賴，以及馮德萊恩與莫迪會面時，提出歐洲增加對印度的軍事武器銷售，並重啓雙方自由貿易協定談判，即可看出端倪。

義大利原為中國大戰略「一帶一路」的合作國家，但現任總理梅洛尼將中國視為義大利在非洲的競爭者，遂決定斷開「一帶一路」，改積極與印度合作。

英國第一位印度裔首相蘇納克指望與印度發展關係，並納入印度平衡中國。

周邊小國眼中的印度

印度周邊圍繞著尼泊爾、不丹、孟加拉、緬甸、斯里蘭卡等小國家，各自因為不同的地緣戰略價值與國家內部處境，分別和印度有著不同程度的牽絆與糾葛。

文／黃恩浩

小國眼光一
尼泊爾眼中的印度

尼泊爾，一九二三年脫離英國殖民統治，直到二〇〇八年才廢除君主制，成立民主共和國。尼泊爾與印度關係相當特殊，兩國不僅於一九四七年六月正式建交，更在一九五〇年簽訂《印度－尼泊爾友好條約》，可說是尼泊爾與印度之間建立緊密戰略關係的呈現。

條約規定兩國政府相互承諾承認和尊重彼此的完全主權、領土完整和獨立。此外，該約也允許兩國人民自由移居和貨物自由流動，並在國防和外交政策方面保持密切的合作。

在經貿方面，自二戰結束以來，印度就一直是尼泊爾最大貿易夥伴和重要援助國，尼泊爾相當倚賴從印度進口的經濟資源、能源與日常必需品。然而，印度卻常常以限縮經貿爲手段，以控制尼泊爾的國內政治與外交政策。

名詞解說

《印度－尼泊爾友好條約》(Treaty of Peace and Friendship Between The Government of India and The Government of Nepal)

一九五〇年簽訂，允許兩國人民和貨物自由流動，亦即兩國公民可以無障礙自由移居。

爲減少對印度的經貿依賴，尼泊爾近年來積極強化與中國關係，並且同意將雙方鐵路網相接連，擴大與中國的經貿交流。

小國眼光二
不丹眼中的印度

不丹王國，建立於一九〇七年，於二〇〇八年才由君主制轉變爲君主立憲制。**不丹長期被視爲是印度的一個「被保護國家」，印度對不丹的外交、國防和經貿上擁有著一定影響力。兩國關係主要是以一九四九年簽署的《永久和平與友好條約》爲基礎，該條約規定不丹的外交事務必須接受印度的決策與指導。**

爲追求一個獨立國家地位，不丹與印度於二〇〇七年重新談判訂立友好條約，大幅提升不丹對國家主權的掌控，且雙方同意人民不需要護照和簽證就能自由進出彼此國境。

在經貿方面，印度是不丹最大的貿易夥伴，不丹約有九成以上的進出口貿易都倚賴印度市場；在軍事訓練與武器提供方面，印度也提供不丹大量的協助。中國與不丹接壤的邊界長達四百七十公里，**中國與不丹的領土爭端一直是雙方潛在地緣衝突的根源。面對中國的可能威脅，不丹在安全方面考量下，願意扈從印度以抗衡中國。**

名詞解說

飛地（Enclave）

在某個國家境內有塊土地，其主權屬於他國，該地區被稱為此國家的內飛地（Enclave）。

印度與孟加拉邊界，兩國在彼此內部都有飛地，是英國殖民時期留下的遺緒。

二〇一五年，印孟兩國正式達成兩國領土交換協議，解決了邊境飛地問題，飛地居民的生活權益可望獲得改善。

小國眼光三
孟加拉眼中的印度

孟加拉，原屬巴基斯坦的領土，是穆斯林國家，曾被稱為「東巴基斯坦」，在一九七一年發生巴基斯坦內戰（又稱「孟加拉國解放戰爭」），最後孟加拉在印度的軍事協助下脫離巴基斯坦獨立，也奠定了印孟友好關係基礎。

印孟國土有約長達四千公里接壤，雙方邊境一帶曾保留「**飛地**」（Enclave），是英國殖民地時代的產物。飛地居民並無任何政府保護與公共服務，所以長期爭議不斷。直到二〇一五年印孟簽訂《土地邊境協議》和一系列促進邊境貿易和安全的協議，飛地問題才逐步獲得解決。

儘管孟加拉一直將印度視為重要盟友，但未來雙邊友好關係仍有變數。例如，雙方長期存在的難民問題、恆河水資源分配、中國投資孟加拉的基礎建設，以及孟加拉與巴基斯坦關係回溫等。

小國眼光四
緬甸眼中的印度

緬甸，在英國殖民時期曾是印度的一個省，雙邊經貿關係發展密切。然而一九四八年緬甸獨立後，

上：尼泊爾與印度交好，但近年卻又和中國愈走愈近。圖為尼泊爾士兵在喜馬拉雅山脈的盧卡拉珠穆朗瑪峰營地附近徒步巡邏。

下：孟加拉與印度過去同為英國殖民地，加上孟加拉獨立時印度扮演關鍵角色，兩國關係素來交好。圖為孟加拉首都達卡的小朋友正在玩板球。

印緬在陸上與海上的邊界爭議問題就浮現出來，直到一九六七年雙方簽署《印緬邊界協定》才緩解紛爭。**儘管現在邊界爭議尚存，但是雙方基於地緣政治與經濟利益考量，所以都相當克制。**

換言之，緬甸是連接南亞與東南亞的唯一陸上通道，且擁有豐富的天然資源，所以印度近年來在「東進政策」下積極改善與緬甸的關係，並追求在經貿、交通、軍事、安全等領域的合作。

就緬甸而言，雖然可從印度獲取多項利益，因爲顧慮到印度向東南亞擴張的可能威脅，以及覬覦和中國的經貿、軍事、安全合作項目等，所以與印度保持著一定安全距離。

因爲印緬對彼此在經濟與安全方面是各取所需的關係，因此都願意擱置爭議以維持表面上的和平共處。

小國眼光五

斯里蘭卡眼中的印度

斯里蘭卡，於一九四八年從英國殖民統治下獨立成爲一個名爲「錫蘭」的自治領，於一九七二年才改國名爲斯里蘭卡共和國。

在印度與斯里蘭卡相繼脫離英國獨立之後，隨著印度在南亞的擴張，印度就積極插手斯里蘭卡內政與外交決策。

名詞解說

坦米爾之虎 (Liberation Tigers of Tamil Eelam)

全名「坦米爾伊蘭猛虎解放組織」，在一九七六年創立的民族主義武裝組織，目標是要在斯里蘭卡東部及北部建立獨立的坦米爾國家。

坦米爾之虎擅長自殺式炸彈襲擊和游擊戰，二〇〇九年被斯里蘭卡消滅。斯里蘭卡內部長期存在種族、宗教衝突與迫害，一九八三年坦米爾之虎發動的獨立戰鬥，被稱為「斯里蘭卡內戰」。

2022 年斯里蘭卡宣布國家破產，民眾上街示威抗議，數百位抗議者甚至衝進總理辦公室。加入中國的「一帶一路」，讓斯里蘭卡背負巨額負債，是國家破產主因。

一九八三年七月，由於族群問題，坦米爾人組成的**「坦米爾之虎」**（Liberation Tigers of Tamil Eelam）解放組織對斯里蘭卡政府發動武裝叛變，斯里蘭卡內戰因此爆發。印度在一九八七年派出軍隊前往斯里蘭卡支援，但因傷亡慘重，於一九八九年退出斯里蘭卡。

直到二〇〇九年五月，斯里蘭卡軍方擊敗坦米爾之虎，才結束這長達二十二年的內戰。

長期內戰造成斯里蘭卡的國家重建需要倚賴大量外援，所以印度與中國都趁機向斯里蘭卡伸出經濟援手。然而，斯里蘭卡對於接受印度援助有「弱化國家主權」的顧忌，因此將中國視爲合作夥伴。

在中國「一帶一路」架構中，斯里蘭卡的基礎設施大多向中方借貸，並由中方承包工程，例如，漢班托塔港。由於斯里蘭卡無力償還債務，所以在二〇一七年將漢班托塔港租借給中國使用九十九年。印度憂心中國將該港作爲向印度洋擴張的據點，所以經常施壓斯里蘭卡政府禁止讓中國軍艦使用漢班托塔港。

中印雙方在斯里蘭卡的影響力競爭日益明顯，要如何

與中印維持等距關係，對斯里蘭卡而言是個難解的外交問題。

小國眼光六
地緣緊張性，小國只能「扈從」印度

在地緣政治上，印度在南亞區域的快速崛起，迫使周邊小國在外交上似乎只能有「扈從」與「抗衡」兩種選擇，而這些小國幾乎都是選擇「扈從」印度這個策略。

儘管在印度與中國進行大國對抗的過程中，有像尼泊爾、緬甸與斯里蘭卡等國，想要引進中國影響力來制衡印度霸權，但由於印度在南亞地緣周邊已經投入大量的外交、經濟和軍事資源，使得這些小國不敢直接與印度抗衡，即使引進中國資源也無法抗拒來自印度的地緣政治壓力。

除非印度在領土爭議、邊境安全、意識型態、資源分配、經貿合作等方面能夠改善與周邊小國的關係並建立互信，否則印度與周邊小國的地緣緊張局勢將會持續下去。

馬爾地夫也是印度的周邊小國，領土不大，且以觀光業和航運為國家主要收入，但因地理位置獨特，與印度、斯里蘭卡以三角形態勢控制印度洋主要航線，成為印中兩國在地緣政治戰略布局上的攻防焦點。

5 當代印度現場

印度強勢崛起，國際企業爭相布局產業鏈，印度製造躍躍欲試，想要取代中國製造。

但當代印度擁有的利多只是「虛胖」？中印的龍象之爭，印度內部的百廢待舉，還有悄然躲在風光背後的恐怖主義，都讓印度地緣隱約傳來黑天鵝拍翅的聲音。

印度地緣政治正急速變化，想看清局勢，最簡潔的方法就是從「現況」、「問題」、「未來挑戰與黑天鵝」、「問題可能解方」四大面向入手，環環相扣，掌握全貌，洞見未來。

印巴分治以來，兩國每天在邊境瓦加檢查哨進行降旗儀式，雙方軍服威嚴，踢腿競技，被視爲國家榮譽與意志的較量，也宛若地緣黑天鵝的拍翅聲。

當代印度的崛起，可說是因緣俱足，但也內外交迫。

NDIA

崛起中的印度，經濟前景看好，
但國內的婦女人權、宗教爭議、恐怖主義，
以及貧富懸殊、城鄉差距和環境惡化等問題，
讓社會千瘡百孔，
把印度國民的忍受點繃到了極限。

STOP
RAPE
NOW
MEANS NO
I'm Like UR
Daughter, Sister,
Wife and Mother.
Then Still
WE

印度現況 主基調「龍象蹺蹺板」

西方國家與中國結束蜜月期，印太地緣局勢盤整，「印度象」在國際布局上握有過去中國所沒有的籌碼和槓桿。

文／陶雨融

名詞解說

龍象之爭

龍與象分別是中國與印度的象徵。「龍象之爭」被廣泛用來形容中印兩國從二十世紀末展開的競爭，主要體現在政治、經濟和軍事三方面的亞洲主導權。

地緣戰略

龍象之爭是印度崛起的指標

觀察當代印度的崛起，中印兩國的「龍象之爭」被視為重要指標。

二〇二三年，印度人口超越中國，成爲世界人口最多的國家。她擁有龐大勞動力和內需市場，綜合國力不斷增強，與當年中國崛起的條件相似；但是如今西方國家與中國結束蜜月期，印太地緣局勢盤整，讓「印度象」在外交與國際布局上握有過去中國所沒有的籌碼和槓桿，成爲各國競相拉攏的對象。

不管是戰略布局、外交手腕、經濟發展，都可以看出印度不願再只棲身於第三世界國家的行列。印度總理莫迪更像個魔術師，到處結盟，將過去印度奉行的「不結盟」策略扭轉爲全新的「變種不結盟」。

中國意欲發展「一帶一路」戰略，而印度是中國必須突破的最重要地緣點，這也讓印度有了站上地緣政治要角的機緣。中印之間也從經濟較勁、邊境衝突，

2023 年 10 月，印度陸軍東指揮部舉辦 East Tech 展覽，一名陸軍人員正在試用先進的夜視設備。

一路發展成全方位的「龍象之爭」。

中國「一帶一路」戰略在印度北邊構築「中巴經濟走廊」，途經印度聲稱擁有主權的巴控喀什米爾地區，印度若應和了「一帶一路」，也形成默認巴基斯坦對存在爭議的領土擁有權利。

在印度南方，中國透過資助等方式取得軍艦停泊的柬埔寨、緬甸、斯里蘭卡、孟加拉、巴基斯坦等海外基地，建構二十一世紀海上絲綢之路。這些國家在地圖上聯繫起來宛如珍珠項鍊，此路段被學界稱爲「珍珠鏈戰略」，包抄印度次大陸倒三角形，像鏈子箍在大象脖子上。

中國「南北包抄」，讓印度有足夠的動機擴大地緣政治影響力。所以，過去堅守「不結盟」策略的印度加入美國「印太戰略」就不足爲奇了。

外交微妙路線

對俄關係也考量中國因素

根據二〇二一年西方媒體披露，美國總統川普主政白宮的內部文件，華府視印度爲「印太戰略」的基石，美國必

須協助「印度崛起」，並提供外交、情報、甚至軍事支援，用以制衡中國。**這份文件明白提到：「必須幫助印度應對中國的挑戰，例如中印邊境爭端，以及布拉馬普特拉河和其他可能被中國改道的河流等水資源議題。」此項做法形同美國對中印邊境爭議表態**。

另外，華府也同意，需要與印度在南亞和東南亞地區合作，「維護海上安全，抗衡中國的影響」。

雖然印度和俄羅斯關係素來緊密，但俄烏戰爭後，印度謹慎處理印俄關係，包括未在開戰初期明確譴責俄羅斯、未支持對俄羅斯實施制裁、在聯合國安全理事會投票中棄權等，也被認爲有中國因素的考量。

美國智庫**卡內基國際和平基金會**（CEIP）南亞研究中心學者米蘭．維伊納夫（Milan Vaishnav）就分析，莫迪憂慮過度強硬的立場可能會讓俄羅斯傾向更加靠近中國，再加上俄羅斯與過去親美的巴基斯坦關係漸趨密切，莫迪也擔心印俄關係惡化不只可能會導致印度遭受俄巴圍困，來自俄羅斯的軍事武器採購也可能受影響。

外界看印度是「左右逢源」，實則印度人正在努力走出一條「微妙」的路線，試圖取悅所有各方，避免自己陷入兩難的境地。所以，印度一方面在聯合國安理會投票棄權，一方面又發布了非常詳細的解釋，表明他們對莫斯科的做法不滿，並對烏克蘭提供人道援助。

名詞解說

卡內基國際和平基金會（Carnegie Endowment for International Peace, CEIP）

美國的私人非營利外交政策研究智庫，在一九一〇年由美國鋼鐵大王卡內基創立，目前在華府、新德里、莫斯科等地設有研究中心。

中印巴三國邊境的紛爭不只涉及領土範圍，也包含了水資源分配的衝突。近年印度積極在印度河與恆河相關流域建立水壩與發電廠，確保掌握水資源。圖為印度薩特萊傑河上的水力發電計畫設施。

經濟風向

企業去風險化，擁抱「印度製造」

印度的崛起也包括經濟體擴大，除了擁有人口紅利和內需市場的利基，外資生產線從中國撤退也協助印度催了一把油門，莫迪政府經濟政策更是以吸引外國投資爲主軸。

重視風險評估的國際企業把供應鏈轉向印度，主要是看中印度低廉的勞動力成本，但也被當作是對印度未來的信心投票——企業在國際投資上努力「去風險化」，捨棄「中國製造」，擁抱「印度製造」。

在印太地緣變局中，前往印度投資的國際大廠包括：美國蘋果公司計畫至二〇二五年將有二五％的生產線轉移到印度，並大力在印度投資零售門市；南韓電子巨頭三星除了在印度設立研發部門之外，印度子公司也開始生產摺疊手機、組裝最新 Galaxy 系列產品。

另外，亞馬遜在印度已建立大型物流系統；美國零售巨頭沃爾瑪（Walmart）收購數家印度零售公司，也積極

發展電子商務；電動汽車製造商特斯拉（Tesla）宣布計畫在印度設立製造廠；鴻海除了計畫投資手機生產線，也數度敲磚印度半導體業。

爲了吸引外資，莫迪以**外商直接投資**（Foreign Direct Investment, FDI）作爲印度經濟發展的重要非債務金融資源，當作是經濟增長的關鍵驅動力。外國公司在印度投資，可以獲得稅收減免、相對較低的工資等特定投資優惠，這有助於印度發展新技術、創造就業機會及帶來其他好處。

此外，莫迪政府還放寬各行業、公用事業、石油煉油廠、電信和國防的外商直接投資規定。根據印度官方資料，二〇二〇至二〇二一年，印度的外商直接投資流入量創下了歷史新高，比上一個財政年度增加了一〇％。

名詞解說

外商直接投資（Foreign Direct Investment, FDI）

簡稱為「外資」。外國企業透過資本投入的方式，在投資國獲得利益。一般會包括籌組新公司、併購、建立生產線等。

國是訪問（State Visit）

國家元首接受另一個國家元首的邀請，到該國進行正式外交訪問，是兩國間最高規格的外交交流，接待規格以正式外交禮儀和典禮迎接。

政治經濟 兩種意涵的「AI」

印度在國際政治與經濟發展中表現亮眼，美國政府與企業均扮演重要角色。美國政府主導的「印太戰略」中，含括了區域安全與經濟貿易兩大主軸，其中，攸關區域安全的「四方安全對話」和有關經濟貿易的「印度—太平洋經濟框架」（IPEF），都在邀請印度加入後而整個建構完整。

另外，印度在發展科技業的過程中，美國企業也扮演了爲印度「打底」的關鍵角色。一九八〇年代，美國企業開始在印度邦加羅爾（Bangaluru）設立研發

在印度製造和人口紅利概念領軍下，近年外資湧進印度投資，股票市場也一片欣欣向榮。圖為孟買證券交易所工作人員為象徵「牛市」好兆頭的金牛雕像擦亮銳角。

和生產據點，加上印度人才具備英語優勢，爲美國公司提供越洋電話客服服務，帶動整個印度科技業與科技服務業的崛起。

二〇二三年六月，莫迪赴美國進行**國是訪問**（State Visit），向美國國會兩院聯席會議發表談話時，他舉了一個妙喻：就如同「AI」人工智慧近年來有許多突破進展一樣，另外一個「AI」，也就是美國（America）和印度（India）兩國關係近年來也取得重大發展。

莫迪的演講大獲美國國會議員歡迎，現場一共得到十五次起立鼓掌和七十九次掌聲。此行，莫迪和美國總統拜登在白宮的會晤也是收穫滿滿，甚至被視爲印美關係趨向更親密的轉折點，兩人宣布達成半導體、礦產、技術、太空和國防等多項合作協議，美國也將把先進製造技術引進印度。

在半導體方面，美國半導體公司美光科技將投資八億美元在印度建立晶片組裝和封測廠；應用材料公司將在印度設立新半導體創新中心。

在國防方面，美國奇異公司計畫與印度國有企業聯合生

產印度自製「光輝」輕型戰鬥機引擎。印度將向美國採購無人機，美國海軍艦艇將能停靠印度維修。

另外，二〇二三年九月印度在新德里擔任二十大工業國峰會G20東道主前，莫迪也與繪圖晶片大廠輝達（Nvidia）執行長黃仁勳會面，討論AI產業在印度發展的潛力。而輝達也宣布與印度信實工業集團（Reliance Industries Limited, RIL）和塔塔集團（Tata Group）建立夥伴關係，開發AI應用、雲端基礎建設和語言模型等合作。

現下的印度在政治與經濟領域，就像握有兩張「AI」王牌，讓她的地緣政治與地緣經濟地位更加確立。

第一張AI牌，就是莫迪自己說的美國與印度（America & India）合作，在戰略上得到美國的經濟投資與國防挹注。第二張AI牌則是印度龐大科技人才群體，基礎建設的弱項反而提供更多創新議題，讓人工智慧、機器學習、區塊鏈和物聯網等顛覆性技術快速翻新。

能源外交
加強與海灣國家、俄羅斯關係

然而，與美國關係緊密，並不表示印度和俄羅斯的關係就不好。事實上，當俄烏戰爭改變全球地緣政治想像的同時，稱印度是俄烏戰爭的受益者並不為過，

名詞解說

海灣國家

波斯灣沿岸的八個國家，包括伊朗、伊拉克、科威特、沙烏地阿拉伯、阿聯、阿曼、卡達、巴林等。

印度最大集團公司塔塔集團是外資前進印度爭取合作的對象。塔塔集團觸角廣布鋼鐵、航空、汽車、交通、觀光、AI 等多元面向。近日繪圖晶片大廠輝達就宣布與塔塔集團建立夥伴關係。圖為印度最大汽車製造商塔塔汽車的展示中心。

甚至可以說是莫迪多邊主義和能源外交的開花結果。

其實，莫迪政府曾經遭逢中國習近平上台，使得北京的行爲更加強勢；也遇到美國川普旋風當選，華府方向反覆無常；這兩個難搞定的大國領袖，都給予印度極大挑戰，也使印度與直接鄰國尼泊爾、巴基斯坦和斯里蘭卡的關係更加複雜化。基於對北京和華府的擔憂，印度新德里深化了與澳洲、日本、以色列等其他國家的安全夥伴關係。

另外，印度也在加強與沙烏地阿拉伯、阿聯等**海灣國家**的外交關係，確保石油供應能讓日益吃緊的國內發電廠持續運轉。直到二〇二二年俄烏戰爭爆發，印度順勢成爲俄羅斯廉價石油的買家，更有了足夠能源支撐經濟發展的底氣。

儘管印度在俄烏戰爭中保持中立，拒絕譴責俄羅斯，並繼續從莫斯科購買石油；但美、中和俄等強權仍爭相對印度釋出善意，這種局勢將有助於促進印度國際地位躍升，實現國際社會「多極體系」的目標。而莫迪勢必會利用這樣的局勢，設法獲得聯合國安理會常任理事國席次，達到終極目標。

1

印度婦女人權汙點

長久以來，印度婦女人權議題未被政府當局重視，重創印度國際形象。印度女性在職場上受到性騷擾與性侵的新聞屢見不鮮，社會曾多次發起大規模示威抗議，但在父權社會陰影下，婦女處境未見改善，婦女人權也成為當代印度亟須改革的沉痾。

印度婦女遭侵害誇張之程度，例如，2015 年，加爾各答附近的納迪亞區，一群男性歹徒闖入教會學校搶劫，竟輪暴一位出面阻止的七十多歲修女，引發社會譁然，大批婦女走上街頭抗議。

2019 年，印度中部城市海德拉巴一名女獸醫在上班途中，遭多名男性卡車司機輪暴並放火殺害。警方最後的處理方式竟是將 4 名歹徒帶到現場，當場擊斃。印度社會受到「婦女受暴」和「警察私刑」雙重震撼，各地發起悼念儀式。

圖為印度小學生手持白蠟燭及女獸醫照片，一起悼念這場撼動人心的事件，並期待社會更加重視婦女人權。

當代印度問題 印度只是「虛胖」？

印度通往超級大國的道路充滿複雜挑戰，千絲萬縷，主要源於體質不佳。

文／陶雨融

名詞解說

都市化（Urbanisation）

人口密度較低地區因經濟活動與基礎建設的加強，逐漸成為都市，通常被視為是農業社會往工商業社會轉型的關鍵。

一個國家的都市化程度達到一定程度後，整個國家的經濟、產業、社會與空間結構都會發生改變。

基礎建設

四大沉痾，難解習題

雖然印度前景看好，但國際間仍有一股質疑的聲音，認為印度崛起只是時勢造英雄的「虛胖」，貧窮的社會底氣並不足以接得下從中國釋放出來的產業鏈。回顧印度的經濟道路，在過去二十年，印度一直保持在世界前五大經濟體之列，看得出這個國家擁有巨大的潛力。**然而，通往超級大國地位的道路充滿了複雜的挑戰，包括「軟硬體基礎建設落後」、「社會議題難解」、「依賴外部資源」等三大主障礙，其下又糾纏著千絲萬縷的難解習題。**

在**「軟硬體基礎建設落後」**方面，印度約有五分之一的人口生活在貧窮線下，國家必須在二〇三〇年前創造九千萬個非農業職缺，才能眞正轉型爲工業大國，並且讓人口變爲「紅利」，而非「負擔」。而想要扭轉產業體質，印度必須改善四大沉痾。

第一個沉痾是「都市化不足」。通常一個國家的**都市化**（Urbanisation）比率愈高，就代表工商發展程度愈高。若以都市人口在全國比率來計算，印度的都市化程度只有三一％，遠低於中國的五九％；這意味著印度有近七成人口仍生活在農村，無法獲得優質工作機會，國家整體經濟水準自然難以提高。

教育品質低落

人口紅利會是「定時炸彈」？

第二個沉痾是「基礎設施不足」。印度的道路、電力、電信等基礎設施一向為外資企業所詬病，這也為提升工商業發展與創造就業機會設下障礙，過去許多前進印度的外資都因此鎩羽而歸，其中甚至包括基礎建設工程公司。台灣的**欣陸投資控股**就是最顯著的例子。

欣陸投控曾在印度拿下德里地鐵、邦加羅爾地鐵、海德拉巴高架道路等重要標案，但因預備款動用率太高、官僚體系複雜、行政流程繁瑣等議題而影響效率，最終選擇退出印度市場。

另外，即使印度積極加快基礎建設腳步，卻難確保工程品質。二〇二三年六月，**印度東部比哈爾邦**（Bihar）**一座橫跨恆河的橋梁工程突然整個坍塌，震驚印度社會，因為這座橋梁造價兩億美元**（**約台幣六十四億元**）**，且在此次事故前已經坍塌過一次**。

名詞解說

欣陸投資控股

欣陸投資控股股份有限公司，知名大陸建設公司的母公司。根據公司資料顯示，欣陸投控是台灣第一家整合營建工程、不動產開發、環境工程、水資源處理等業務的投控公司。

印度貧富差距、城鄉差距嚴重，即使在大都會也呈現貧民窟與現代住宅大樓並陳的景象。

印度努力加速交通建設，以因應日益看好的「印度製造」投資潮。圖為 2021 年孟買建設地鐵 3 號線的隧道一景。

印度人口基金會也指出，道路、電力、電信等基礎建設，確實是需要很長時間、很難處理的社會發展阻礙。

第三個沉痾是「教育品質低落」。雖然印度從一九八〇年代起就廣興高等教育，但國家整體教育品質仍顯低落，導致人才難以勝任企業職缺需求。根據世界銀行統計，超過半數的印度高中畢業生無法獲得與教育水平相符合的工作。

第四個沉痾是「製造業規模小」。製造業是創造就業機會的關鍵產業，但印度的製造業規模普遍很小。儘管印度理工人才多，仍無法銜接上產業需求，「無效學位」使半數大學畢業生失業。印度政府在二〇一四年喊出「印度製造」（Make in India）口號，但根據世界銀行統計，製造業僅占印度GDP約一四%（二〇二一年製造業占台灣GDP三五．七六%），印度優秀人才持續流失。

因此，國際間有一股聲浪，把印度的人口紅利形容成未來的「定時炸彈」，也就是印度創造工作的速度跟不上中年人口增長，未來國家經濟增長速度養不起同樣也在增長的人口。

社會與能源

廁所嚴重不足，第三大原油消費國

在「社會議題難解」方面，近年來不斷增長的印度教民族主義、性暴力、種性制度、司法系統缺陷等議題，都讓莫迪政府的國際形象受損，也讓印度社會蘊

名詞解說

清潔印度運動（Swachh Bharat Abhiyan, SBA）

二〇一四年開始，為期五年，主要目標是改善農村的公共廁所環境、提升城市環境衛生，總計畫投入三百億美元，總理莫迪還特別到街上清掃垃圾作為政策宣導活動。

含的矛盾更加外顯。

另外，快速工業化和城市化爲印度帶來空氣汙染、水資源短缺、森林砍伐等環境壓力；城市中貧民窟增加，居民生活條件惡劣，形成社會及公共衛生隱憂。以最簡單的民生議題爲例，印度廁所嚴重不足，許多民衆都有戶外便溺的習慣，這也直接汙染了水源。二〇一四年時，莫迪發起**「清潔印度運動」**（Swachh Bharat Abhiyan, SBA），目標在二〇一九年甘地一百五十歲冥誕時解決戶外便溺問題，並喊出蓋一・一億間廁所的口號。但根據印度非政府組織調查，許多廁所只蓋一半，也缺乏排水系統，加上未經處理的工業廢水直接排放進河川的問題嚴重，伴隨大環境壓力，讓印度每年有數萬名兒童因飲用汙染水源而腹瀉死亡。

在「依賴外部資源」方面，主要表現在能源與軍備。印度是世界第三大原油消費國，有八〇%的能源仰賴進口，能源安全成爲印度國家安全的軟肋。印度雖爲軍事大國，但國防裝備很大程度上依賴外國提供。

水資源和能源議題正阻礙莫迪半導體產業發展計畫的最大挑戰。根據研究，印度將近六%人口缺乏安全飲用水，大型半導體工廠每天會消耗相當於三十萬戶家庭用水，進一步加劇水資源壓力。

另外，印度的電子產品製造商皆面臨停電和煤炭短缺的隱憂。印度雖一直努力增加再生能源使用率，並擴大電網，但短期內難以確定是否能迅速緩解電力供應壓力。

印度兒童在老舊水龍頭下飲用生水。

印度未來挑戰 地緣黑天鵝與恐怖攻擊

儘管印度已積極加入或參與多種國際組織和對話，但地緣政治矛盾與恐怖攻擊卻是國家發展最不確定的隱憂。

文／陶雨融

名詞解說

STEM

科學（Science）、技術（Technology）、工程（Engineering）以及數學（Mathematics）四類學科的字母縮寫，一般會用這四個類別的人才素質與比率來衡量一個國家的產業發展潛力。

印度離強國夢尚遠？無法超越中國的四原因

新加坡前總理李光耀在二〇一四年，曾罕見評論印度，稱根深柢固的種姓制度是印度社會進步的阻力，現有菁英階層若不願面對多族裔和多宗教群體加入競爭，印度將永遠不會成為「未來之國」，亦即世界強國。

事實上，雖然印度毫不掩飾強國夢，但若以中印兩國「龍象之爭」為指標來看，國際學者多認為印度成為區域超級大國的目標不會很快實現。

二〇二三年六月，美國哈佛大學教授艾里森（Graham Allison）在《外交政策》上直接評論，印度無法超越中國。

主要原因有四個，包括印度在科學發展與經濟增長皆落後中國、中國的勞動力比印度更具生產力、印度經濟自由化並未完全實現、印度的經濟體仍遠遠小於中國等。

印度營養不良的人口高達16.3%，兒童基礎教育也有待改善。圖為印度比哈爾邦貧困兒童正排隊領取免費食物包。

在數字的顯示上也確實如此。中國的STEM（**科學、技術、工程和數學**）畢業生數量幾乎是印度的兩倍，全球營業額前二十名科技公司中，中國占四家，印度則榜上無名。根據聯合國《世界糧食安全和營養狀況》報告，二〇一九至二〇二一年間，印度有一六・三％的人口營養不良，而中國不到二・五％。印度也是全球兒童營養不良率最高的國家之一。

多方結盟

聯合國安理會常任理事國之夢難度高

截至二〇二三年底，印度已積極加入或參與多個國際組織和對話，但在印度國內也同樣存在多個恐怖組織的威脅。

印度從冷戰時期就是「不結盟」運動的主導國，現在又是「印太戰略」下的紅人，與巴西、日本、德國組成「四國聯盟」（G4 Nations），想爭取加入聯合國安全理事會，成為聯合國安理會常任理事國。但印度的安理會常任理事國之夢，實現難度極高。

印度主要參加的國際組織和對話，包括：

◆**四方安全對話**（Quad）：由美國、日本、印度和澳洲於二〇〇七年建立的安全對話機制，旨在加強自由、開放和包容的印太地區秩序，並促進成員國之間的合作，特別是在安全和經濟領域，推進共同的戰略目標。

◆**聯合國**（UN）：印度是聯合國的創始會員國之一，於一九四五年加入。印度是聯合國大會參與度很高的積極成員。成為聯合國安理會的常任理事國，是印度致力的目標。

◆**亞洲開發銀行**（ADB）：一九六六年成立，印度是亞洲開發銀行的創始成員國之一，該銀行旨在促進亞洲和太平洋地區的經濟和社會發展。

◆**南亞區域合作聯盟**（SAARC）：印度是創始成員國之一，該聯盟於一九八五年成立，旨在促進南亞地區國家之間的合作和發展。

◆**二十大工業國**（G20）：由世界上最大的二十個經濟體組成的國際合作組織，於一九九九年成立，印度是創始成員國之一，旨在就全球經濟和金融議題進行對話和合作。

◆**上海合作組織**（SCO）：二〇〇一年由中俄主導於上海成立的上合組織，成員國包括中國、俄羅斯、哈薩克、印度、巴基斯坦等，被視為是與西方結

2023 年印度輪值 G20 主席國，到處布置了活動看板，重視程度可見一斑。

構抗衡的政經和安全組織。二〇一七年，在該組織的第十七次峰會上，印度與地緣天敵巴基斯坦一起加入上合組織。隨著時間推移，國際關係和組織可能會發生變化，譬如二〇二三年上合峰會由印度擔任輪值主席，各國在會後共同發表宣言皆提到支持中國的「一帶一路」，獨缺印度未提及，許多評論因而認為，上合會的功能在印中兩國間所能發揮的功能有限。

恐怖攻擊不斷

宗教矛盾，孟買曾被殺紅眼

印度內部存在著宗教矛盾，也因此飽受恐怖主義威脅。國內與跨境恐怖組織多次在喀什米爾及印度大都市發動恐怖攻擊。

獨立以來印度經歷了幾乎所有形式的恐怖襲擊，包括：

- 劫機和炸毀飛機
- 破壞鐵軌
- 綁架人質以滿足政治要求
- 自殺攻擊
- 暗殺了兩名印度總理
- 攻擊寺廟、交通系統、安全部隊和金融中心

2020 年，喀什米爾恐怖攻擊威脅情勢緊張，印度連德里都發布紅色警戒，中央後備警察部隊荷槍在德里舊城區市場戒備。

- 社區騷亂，隨後是極端暴力
- 宗教和非宗教恐怖組織的攻擊

其中，前總理**英迪拉·甘地**（Indira Gandhi）在一九八四年遭錫克教貼身侍衛槍殺，當時印度政府正與錫克教激進組織爆發武裝衝突。總理拉吉夫·甘地（Rajiv Gandhi）在一九九二年坦米爾那都邦（Tamil Nadu）的選舉活動中，遭斯里蘭卡「坦米爾伊蘭猛虎解放組織」（LTTE）以自殺炸彈暗殺身亡。

目前，對印度構成威脅的重要恐怖組織，包括：

◆**伊斯蘭虔誠軍**（Lashkar-e-Taiba, LeT）：伊斯蘭虔誠軍於一九九一年由哈菲斯·穆罕默德·薩伊德在阿富汗庫納爾省成立，是喀什米爾與印度境內最知名的恐怖組織。二〇〇八年在印度第一大城、金融大城孟買發動連環恐怖襲擊行動，成為印度當代歷史遭遇到最嚴重的恐怖攻擊，造成國際遊客、印度平民重大傷亡，恐攻地點包括五星級的泰姬陵酒店和奧布羅伊酒店、火車站、醫院、南區警察總部等。

伊斯蘭虔誠軍在歷史上曾獲得巴基斯坦情報機構內部分支的支持和訓練，攻擊模式多依循「大規模死傷」策略。

◆**穆罕默德軍**（Jaish-e-Mohammad, JeM）：二〇〇〇年創立的伊斯蘭武裝激

名詞解說

英迪拉・甘地（Indira Gandhi）

前印度總理，印度獨立後首任總理賈瓦哈拉爾·尼赫魯的女兒，曾經在印度擔任兩屆總理，有「印度鐵娘子」之稱，一九八四年在任內遇刺身亡。無獨有偶，他的兒子拉吉夫·甘地也繼承政治衣缽，當上印度總理，但在一九九二年同樣遇刺身亡。兩位「甘地總理」遇刺，被視為印度恐怖組織活躍的標記。

進組織，曾對印度發動多起恐怖攻擊，也曾試圖暗殺巴基斯坦總統。它聲稱對二〇一九年普爾瓦馬襲擊負責。聯合國安理會曾表決要將穆罕默德軍首領列入全球恐怖分子名單，但遭中國否決。

◆**眞主穆斯林游擊隊**（Hizbul Mujahideen）：一九八九年成立，主要是在印控喀什米爾活動，針對印度安全部隊和平民發動襲擊，巴基斯坦認定為合法組織團體。

◆**印度聖戰士**（Indian Mujahideen）：雖非直接源自巴基斯坦，但有情報指出其與巴基斯坦恐怖組織存在聯繫，曾在印度發動多起爆炸和槍彈襲擊。

此外，印度的地緣爭端主要來自印中、印巴關係，中巴兩個地緣天敵是印度地緣政治上最大的挑戰。中國的威脅從北到南，以陸路和海路包抄印度；巴基斯坦則因爲喀什米爾主權爭議，再加上穆斯林恐怖組織活躍，而讓印巴議題更加複雜化。

上：2019 年 2 月 14 日，印度中央後備警察安全部隊人員車隊遭巴基斯坦的伊斯蘭武裝組織穆罕默德軍汽車自殺式攻擊。外界認為，此事件是恐怖組織針對喀什米爾主權議題發起的行動，後來也成為 2019 年 2 月 16 日印巴武裝衝突的導火線。

下：1984 年印度前總理英迪拉・甘地遇刺後，當地媒體大幅報導。

印度問題可能解方 勇敢迎擊建國以降的沉痾

為了不讓國家沉痾阻斷強權路，當代印度可以直接面對問題，打穩基本功，更有效率的落實解方。

文／陶雨融

加快基礎建設解方

重「質」，也要重「量」

印度的基礎建設問題需要長期的投資和策略，才能促進經濟增長和改善生活品質。**基礎設施的興建可依資金來源的不同而分為兩種類型，一種完全由政府資助；另一種是透過公私部門合作進行。但不管是哪一種類型，都容易遇到土地徵收、官僚貪腐等嚴峻挑戰。**

其中，**印度基礎建設最大的痛點就在土地徵收。基礎建設不是投入資金就可以雷厲風行，建設需要土地，土地又牽涉到徵收的難度，若徵收進度不如預期，或土地成本失控，就會造成工程延宕。**

尤其，印度是民主國家，無法像**土地國有化**的中國可以用專斷，甚或國家暴力的方式快速解決土地徵收；再者，印度仍存在問題不小的官僚甚或貪腐的問題。

名詞解說

土地國有化

中國為共產主義國家，採土地國有制，房屋與工廠擁有者只能有地上物的所有權，國家可依計畫需要處置土地。

中國自改革開放以來，基礎建設進展飛快，與土地國有化有很大的關係，國家可強徵土地建設各種高鐵、公路、工業區等。

2021 年新冠疫情期間，印度政府也沒放緩公共建設速度，為疫後經濟復甦打下良好基礎。

當然無法像中國那般，幾年內就可以迅速達到硬體上的城市化、高鐵化。

不過，具體而言，印度在基礎設施上可以改革的解方在「質」（Quality）與「量」（Quantity）層面都要並重，不可偏廢。換言之，印度要「轉大人」，除了要吃得多、吃得飽之外，體質也需要很大的轉變。

衝數量

住房計畫與高速公路網

首先，以「量」來看，印度政府近年實施了一系列大規模基礎建設項目，增加公共和私人部門對基礎建設的投資，包括交通、能源、水資源等領域。例如「清潔印度運動」和「村莊道路計畫」（Pradhan Mantri Gram Sadak Yojana, PMGSY），旨在改善衛生條件、提高交通運輸設施和加強農村地區的基礎設施。

另外，根據美國華頓商學院研究指出，莫迪政府正努力為基礎設施項目提供融資。其中之一是與阿布達比投資局、新加坡淡馬錫和ＨＤＦＣ集團等投資者一起創

建的國家投資和基礎設施基金。

另外，印度政府還宣布了價值一百萬億盧比（約一．四兆美元）的基礎設施項目，涵蓋了電力、鐵路、城市灌溉、交通、通訊、教育和健康等領域。

比較重要的基礎建設項目，包括：

◆**全民住房計畫**（PMAY）**：**二〇一五年，莫迪政府提出了「全民住房計畫」（Pradhan Mantri Awas Yojana, PMAY），致力於提供適量且負擔得起的住房，計畫執行到二〇二四年底，為印度數量龐大的城市貧困人口提供負擔得起的住房。印度總理住房計畫的利率從六．五〇％起跳，最長可借款二十年。除了利率之外，計畫的亮點還包括特殊群體優先申請、不同能力者和老年人可獲得地面分配優先權等。計畫覆蓋全印度四千零四十一個法定城鎮。

◆**高速公路網計畫**（Bharatmala Pariyojana）**：**印度致力擴建和現代化交通基礎設施，包括公路、鐵路、機場、港口等，為改善國家公路網的重要計畫，該項目強調重點改善並提高邊境地區和沿海地區的連通性，以及連接具有戰略價值、經濟重鎮和文化樞紐的地區。

具體而言，印度高速公路網包括新公路的建設、現有公路的擴建和升級、創建**經濟走廊**（Economic Corridors）快速運輸貨物和乘客，藉著加強運輸基礎設施，促進經濟增長、貿易和商業。此外，印度也矢志要在未來幾年內，

名詞解說

經濟走廊
(Economic Corridors)
以交通網連結城市或國家，讓單點的經濟熱區串聯成線，達到綜合性快速發展的效果。

再生能源
(Renewable Energy)
包括太陽能、風力、地熱、潮汐等，從自然界提取的能量，可持續利用，不會像石油一樣消耗殆盡。

印度矢志要建設出與日本、中國並列的都會運輸系統。圖為孟買捷運系統在2020年疫情最緊繃期間仍照常營運。

建設出可與日本、中國並列的地鐵系統。

◆**水資源管理**：印度經常面臨水資源短缺，政府實施了水資源管理和保護計畫，以確保有可持續的水資源供應，這包括提高水庫和灌溉基礎設施。

衝體質

再生能源計畫與數位印度

印度要擺脫官僚科層制的沉痾，在政策上必須擬訂優先順序，針對最需要改善的領域訂定明確的計畫，減少浪費和延誤。**近年來，印度希望從「體質」面讓國家脫胎換骨，擠入第一世界國家行列，提出了幾項重點建設**：

◆**國家太陽能使命計畫**（National Solar Mission）：莫迪政府推動**再生能源**（Renewable Energy）計畫，如太陽能和風力發電，旨在增加太陽能裝置容量，應對能源需求，並減少對傳統能源的依賴。希望利用印度豐富太陽能資源，可以在二〇二三年底實現超過一百吉瓦（GW）的太陽能發電容量，其中四十吉瓦是來

自屋頂太陽能裝置。

此外，政府也爲太陽能業者提供財政獎勵、補貼和支持機制，藉以促進太陽能能源的應用，並刺激相關產業就業機會。印度也正增加太陽能發電系統與國家電網的整合，提高綠色技術，如推廣電動車，藉以減少汙染，節省成本，並創造就業機會。

◆**數位印度**（Digital India Act, DIA）：印度擁有超過七．五億個網路用戶，但受限於基礎設施不足、成本太高等原因，要確保全國每個人都能夠上網，存在著很多挑戰。「數位印度」主要在擴展數位科技的基礎建設設施，提高網路連接性和促進數位經濟的發展。這個大計畫包括5G網路普及化、推動數位支付和提升數位技能，從而改變經濟體質，提高城市管理效率、改進基礎設施和提供更好的生活條件。近來，印度亟欲與蘋果、特斯拉、台積電等跨國企業合作，都是爲了配合ＤＩＡ計畫。

上：擴大港口建設，是印度提升產業與貿易競爭力的重點。圖為孟買港貨櫃碼頭。

下：數位化可以弭平城鄉數位差距。圖為印度鄉村老年人正在學習使用筆記型電腦上網。

確保印度人口紅利解方

增加工作機會，自給自足經濟計畫

人口多，若失業率高，反而可能導致社會和經濟不穩定。印度除了改善教育品質低落，也必須創造足夠的優質工作機會，才能確保「人口紅利」不成為「定時炸彈」。**根據專家分析，印度需要實施以下解決方案：**

◆**支持創業和中小企業：**創造環境，鼓勵創業家精神，為中小企業提供支持，以創造更多優質工作機會。

◆**推動多元經濟體系：**產業多元，就能降低對少數特定行業的依賴。

◆**提升農村就業機會：**減少人口往城市遷徙，讓城鄉平衡發展。

◆**更重視銀髮老年需求：**政府提供基金資助老年人養老及醫療問題，提高民眾對糖尿病、心臟病等非傳染性疾病的認識，降低政府與年輕人的經濟負擔。

另外，「印度製造」（Make in India）作為莫迪執政後的旗艦計畫之一，目標便是要讓印度成為全球製造業中心，鼓勵國內外企業

疫情之前，印度紡織業訂單遭中國磁吸，曾引發倒閉潮和失業潮，疫情期間產業情勢更加嚴峻。疫後，印度政府提出自給自足經濟計畫，希望能改善失業問題。圖為印度紡織品市集。

在印度進行投資和製造產品，提高國內生產總值（GDP）增長率，提升印度在全球市場的競爭力及就業率，該計畫發展重點包括製造業、科技、基礎設施和其他關鍵產業。

此外，疫情過後，印度政府宣布了「自給自足經濟計畫」（Aatmanirbhar Bharat），提供超過二十七兆盧比的**財政刺激方案**，鼓勵雇主創造新的就業機會，提供社會福利保障，並解決新冠疫情期間的失業問題。截至二〇二二年二月，印度政府已通過一．三三萬個企業與機構加入自給自足經濟計畫，共有五十萬八千一百就業人口受益。

印度若想成爲經濟發達國家，未來二十五年每年需要約八％的國內生產毛額（GDP）增長，因此滿足不斷增加的人口就業需求至關重要。再者，大量印度科技企業往往提供更豐厚的薪酬，此舉能吸引更多菁英回流或外國人士來到印度發展，爲國內薪資增長提供有利條件。

名詞解說

財政刺激方案

政府透過增加支出、降低稅收等方式，刺激經濟成長。政府財政與企業財政概念不同，舉債或補貼企業，有時反而能達到更大的總體財政提升效果。

防範恐怖組織解方

情報分享與預防立法

印度恐怖主義的原因複雜，交雜著政治、宗教、民族、意識型態、社會經濟等因素。其中，與巴基斯坦間的衝突、極端伊斯蘭主義與印度教之間的矛盾，都

防範恐怖主義是印度當代迫切議題。圖為2020年印度加爾各答士兵手持輕機槍站在裝甲車旁進行反恐觀察。

提供了恐怖主義滋養的土壤。

恐怖主義公認是最難防範的國家與社會衝突，若印度想應對境內和跨境滲透的恐怖組織，**專家建議可以採取一些實際解決方案：**

◆**強化情報蒐集和分享：**建立更強大的情報機構，提高情報的蒐集、分析和分享能力。例如，與美國政府合作，提高邊境安全和資訊共享能力。儘管目前印度情報分享上仍未周全，但印度安全機構在破壞恐怖主義威脅仍展現相當的效果。一些比較大的印度邦也已建立了自己的邦級情報機構，向印度執法機構提供恐怖主義的實質訊息。

◆**科技監視：**印度正逐步阻止恐怖主義者旅行入境的能力，透過建立監視名單，在入境口岸實施生物特徵的安檢。另外，海上安全部隊、邊境安全部隊和印度執法機構之間的協調能力正提高中。

◆**加強國際合作：**與其他國家分享情報，合作打擊跨境恐怖主義，建立更強大的國際反恐聯盟。例

如，二〇一九年鄰國**斯里蘭卡復活節爆炸事件**後，印度在坦米爾納德邦和喀拉拉邦進行搜索，調查疑似ＩＳＩＳ的恐怖攻擊團體，很快地就在喀拉拉邦的帕拉卡德市逮捕嫌犯，該嫌犯承認計畫接下來在喀拉拉邦進行自殺襲擊。

◆**打擊非法資金和資源的流動**：透過金融監管等手段來阻止恐怖組織的資金和資源流動。印度目前在截斷或釐清恐怖組織或個人資金的流動已有相當的進展。

◆**社會預防措施**：進行社會和宗教對話，提升社區對恐怖主義的警覺性，防止極端主義滋長。

◆**立法**：雖然印度在二〇一七年立法允許將個人指定爲恐怖分子，並賦予印度政府調查境外恐怖主義案件，但是印度反恐怖主義法案的立法仍相對緩慢。

印度的海岸線很長，與鄰國也大多是開放式邊境，恐怖組織很容易從他國越界或取得金源，因此打擊恐怖主義是個複雜而耗時的挑戰，印度必須在外交上與其他國家密切合作，才有機會大幅降低恐怖主義威脅。

名詞解說

斯里蘭卡復活節爆炸事件

二〇一九年，復活節期間發生於斯里蘭卡可倫坡、內貢博等大城市的恐怖攻擊事件，伊斯蘭國ＩＳＩＳ聲稱對這些恐怖攻擊負責。該事件死亡人數達兩百多人，也被稱為「斯里蘭卡復活節大屠殺」。

6 名家銳眼看印度

印度崛起，台灣要如何找到理解印度地緣的切入點？

國際關係、社會文化、政治經濟、軍事國防，名家的分析與論證，提供推敲路徑。思維與時俱進，掌握更深入。

【國際關係】

靈活的智慧，古老的秩序——印度憑什麼崛起？

在中印兩國的「龍象賽跑」中，目前看起來是中國領先。但印度靠著靈活的外交與戰略布局，成為各個大國爭取結盟、抗衡中國的對象，後勢不容小覷。

文／劉必榮（東吳大學政治學系教授）

靈活智慧一

不甘被歸類爲陸權，展現海上企圖心

二〇二三年，印度成爲全球人口最多的國家，使得市場的潛力和龐大的生產力，讓國際貨幣基金組織預測，印度從二〇二七至二〇二八年之間，便可能成爲世界第三大經濟體。印度的潛力實不容小覷。

印度到底算陸權，還是海權國家？一九七〇年代，蘇聯意欲聯合中國和印度，建立「俄中印陸權國家聯盟」，但是沒有成功。中印互不信任固然是原因，印度幅員遼闊，從喜馬拉雅山一路南跨到印度洋，也不願被局限爲僅是陸權國家。

所以，近年印度不但發展航空母艦，與美國在印度洋的**馬拉巴爾聯合演習**（Exercise Malabar）更不斷擴大，處處以行動證明印度掌控海上的企圖心。所以當中國勢力順著「一帶一路」進入印度洋後，印度也提高警覺，認爲是對印度在印度洋既有利益的一大威脅。印度與中國的對抗，也從喜馬拉雅山麓中印邊界

名詞解說

馬拉巴爾聯合演習（Exercise Malabar）

創始於一九九二年，原為美印兩國的海上聯合軍事演習，每年舉行一次。二〇一五年，日本加入後，馬拉巴爾軍演在印度洋和西太平洋海域輪流進行。期間，澳洲和新加坡也曾共同參與過。

的山上，一路打到印度洋的海上。

中國和印度的關係很微妙。自從一九六二年中印邊境戰爭後，印度就一直把中國當成潛在的敵人。而兩國在經濟與科技的競爭，又讓人對這場「龍象賽跑」究竟誰會勝出充滿好奇。

靈活智慧二

說服中亞鄰國，該地有自己古老的秩序

龍象賽跑，目前看起來是中國領先。美國政治學者格雷厄姆．艾利森（Graham Allison）指出，無論在經濟規模、科技投資、生產力等方面，印度都不如中國。可是印度在地緣政治上，仍是西方爲抗衡中國所不可或缺的力量。因此，儘管印度的民主不斷倒退，西方仍視若無睹地全力拉攏印度。

美國拉印度進「四方安全對話」，當然不期待印度在西太平洋扮演什麼角色，而是要印度在美日印澳弧線西側，幫美國顧好西方扶植的阿富汗喀布爾政府。

喀布爾政府與塔利班作戰，塔利班背後是巴基斯坦，印度又爲巴基斯坦宿敵，所以由印度支持喀布爾

上：塔利班取得阿富汗政權後，印度重新思索領土西側的地緣政治布局。圖為塔利班接管喀布爾後，在街頭巡邏。

下：中國租借巴基斯坦瓜達爾港土地，設立自由區，透過陸路「中巴經濟走廊」直抵阿拉伯海和印度洋，是能源戰略的一大突破。

對抗塔利班，自是再自然不過。但印度也心知肚明，若依美國要求派兵進入阿富汗，結果必是身陷穆斯林敵對勢力的泥淖之中。所以印度只提供經濟援助，拒絕派兵。

阿富汗政府最後還是垮台，塔利班班師回朝，印度對喀布爾的投資血本無回。這個教訓讓印度更確定外交上還是要走自己的路。所以在看到巴基斯坦和中國有**「中巴經濟走廊」**（China-Pakistan Economic Corridor, CPEC）之後，印度也拉攏伊朗，從伊朗南部恰巴哈爾港（Chabahar）拉一條南北交通通道，北上經中亞到俄羅斯。

莫迪告訴伊朗，天竺與波斯有長久的歷史關係；也告訴烏茲別克，當年蒙兀兒王朝就是烏茲別克王子南下印度建立的王朝。所以印度在伊朗、在中亞，都不是新來乍到，這塊地方有自己古老的秩序。

靈活智慧三
多重聯盟關係，發展印度版海上絲路

因爲進入中亞，印度也加入了「上海合作組織」。「上海合作組織」本是中俄兩國聯合中亞國家建立的區域組織，後來俄國表示可邀請印度加入，中國則回應若印度加入，巴基斯坦也應被邀加入以爲平衡。於是，印巴兩個世仇都加入了「上合組織」，「上合組織」也從中亞擴大到南亞。

名詞解說

中巴經濟走廊 (China-Pakistan Economic Corridor, CPEC)

中國與巴基斯坦合作的大型工程計畫，是中國「一帶一路」的陸上絲綢經濟帶樞紐重點。整個計畫地理縱深長達三千公里，經過新疆、巴基斯坦，最後直達印度洋，等於是中國在西南方找到出海口，在戰略上可有效降低中國海上「麻六甲困境」。其中，中國租借巴基斯坦的瓜達爾港，鄰近荷姆茲海峽，可直通波斯灣和阿拉伯海，最受矚目。

蘇傑生 (Subrahmanyam Jaishankar)

印度外交部長，曾先後擔任印度駐中國和駐美國大使，也曾以外交官身分派駐過蘇聯、聯合國。除了英文等印度官方語言，他還能以俄、日、中等外語溝通，是印度總理莫迪外交事務的左右手。

印度在印太聯盟參與美國以圍堵中國，但在「上合組織」和中國又都是成員，和中國也同爲「金磚國家」成員。印度外交部長蘇傑生（Subrahmanyam Jaishankar）得意地稱其爲「多重聯盟關係」。

印度當然也重視和亞洲的關係。中南半島又稱印支半島，見證了印度跟中南半島的歷史淵源。印度順著佛教的發展脈絡，串聯緬甸、泰國、越南，在中南半島馬來文化圈之外，建立了佛教的網絡。

印度和越南過去同爲蘇聯的盟國，所以兩國軍事關係也非常密切。印度和日本向來友善，日皇明仁就曾訪問過印度，安倍晉三第一次當首相時，就提出連結美國、澳洲、印度，串成一鑽石型的多邊同盟結構，也非憑空想像。**而印度、日本、越南都和中國打過仗，又讓這層關係有耐人尋味的底蘊。**

印度和俄國從冷戰以來所建立的關係更是深厚。俄烏戰爭爆發前，印度除南北交通通道外，更計畫開通兩條「印度版海上絲路」連結俄國：一條從西岸孟買到聖彼得堡；一條從東岸清奈到海參崴。

俄烏戰爭爆發後，印度沒有譴責或制裁俄國，仍繼續跟俄國購買石油、天然氣，甚至還購買 S400 防空飛彈系統。而西方爲拉攏印度，對印度在外交上的搖擺也只能容忍。

這就是印度。一個在外交上堅持走自己的路，而各個大國爲抗衡中國，又不得不競相爭取的印度。

清奈是印度在孟加拉灣沿岸最大的城市，也是印度重要的軍港與第二大貨櫃港，位置離斯里蘭卡不遠，汽車工業和資訊科技業發達，是「印度版海上絲路」的布局要點。

【社會文化】

超多元社會——矛盾是印度的利基？還是包袱？

印度有複雜的宗教信仰系統和種姓制度，各地為不同土邦，直到英國殖民才有較完整的「印度人」意識和「統一國家」的概念。多族群、多宗教讓印度社會文化多元而繽紛，但同樣也為國家治理種下了難題。

文／方天賜

矛盾融合體一

超多元社會，如馬薩拉香料混合成「新主體」

印度是一個高度多元的文化與社會。

以語言而論，除了英國殖民時期留下的英語之外，尚有二十二種官方語言。在印度，最多人講的語言是印地語（Hindi），但也僅占四三%左右的人口。

從種族來看，印度包含雅利安人（Indo-Aryan）、達羅毗荼人（Dravidian peoples）、蒙古利亞人（Mongoloid）等，這些種族光從長相外觀上看就有很明顯的差異。

從宗教觀點來看，印度是印度教、錫克教、佛教、耆那教的發源地。將近八成的印度人信奉印度教，其次是伊斯蘭教。

印度教內部還有種姓制度（Caste System）**的劃分，**除了外界熟悉的四大種姓（婆羅門、剎帝利、吠舍、首陀羅）與賤民之外，還有三千多個「次種姓」（Jati,

名詞解說

馬薩拉（Masala）

由不同香料調製而成的綜合調味料，可以是粉末狀或糊狀，通常會包括茴香、胡椒、丁香、肉桂、荳蔻、薑、薄荷葉等。因為常與咖哩混合烹調，許多人會誤認為是咖哩的一種。印度人幾乎在各種正餐、點心、奶茶等料理都會加入馬薩拉香料，甚至吃水果也會沾馬薩拉，而每個家庭和地方都有自己的獨特配方。

調味料馬薩拉色彩鮮豔，氣味芬芳，印度市集裡時常混合咖哩直接放在托盤販賣，是觀光客最喜歡的伴手禮之一。

sub-caste）。印度憲法雖然廢除所謂的「賤民制」，並要求不可因種姓有所歧視，但法律上沒有廢除種姓，所以仍有一些印度人在婚姻等議題上，仍會自動遵守種姓規範。

印度人試著用現代國家的概念，將這些多元文化都包容在印度這個單一國家政治制度內，但並不是將其融爲一體，而是讓多元的特色共存。

因此，印度社會文化其實就像是印度常見的綜合香料**「馬薩拉」**（Masala）。它是由各式香料粉末所構成，攤開來看，這些香料仍保有各自的形體和風味，但混合在一起後，又巧妙地構成一個新的主體，那就是「印度」。

矛盾融合體二

「世俗化」退潮，印度教民族主義成隱憂

印度的多元文化造就了今天呈現出的面貌，但要保持這樣的多元性，其實要面對許多挑戰。印度獨立時，就面臨以伊斯蘭教爲主的巴基斯坦選擇「分裂」建國的挑

戰。印度國父甘地甚至以「活體解剖」來形容印巴分治的傷痛。因此，如何處理宗教問題成爲印度多元社會的一個隱憂。

早期，印度政府試圖以「世俗化」的態度看待宗教議題，對穆斯林採取懷柔態度，包括給予穆斯林爲主的喀什米爾自治權力等。

但在印度人民黨（Bharatiya Janata Party）主政之後，轉而強調印度教認同及印度教民族主義（Hindu Nationalism），包括廢除喀什米爾地區的自治地位、修訂排除境外穆斯林的《新公民法》，以及重建阿約提亞（Ayodhya，「阿踰陀」爲其古地名）地區的羅摩神（Rama Temple）廟等，造成穆斯林族群的不安。

若是印度人民黨繼續執政，印度可能持續走向以印度教民族主義爲中心的建國方向。這可能帶來兩種影響：一方面，印度教徒的凝聚力將進一步強化，並轉化成支持政府的愛國主義；另一方面，印度過去引以爲傲的世俗主義遭到侵蝕，弱勢族群的不安全感增加，不利社會穩定。

印度教民族主義崛起，又在印度及其地緣周邊造成了什麼影響？

印度位於南亞地區，但周邊國家中，除了尼泊爾外，大多不是以印度教爲主的國家。斯里蘭卡與不丹的佛教徒占多數，巴基斯坦、孟加拉、馬爾地夫則是以伊斯蘭教爲主。因此，過度強調印度教認同及印度教民族主義，便可能造成印度與這些國家間的懷疑猜忌。

特別是印度與巴基斯坦這兩個南亞大國間的紛爭，不僅有宗教上的對立，還

名詞解說

《新公民法》

全名為《二〇一九年公民身分法（修正案）》（The Citizenship (Amendment) Act, 2019），是印度法律第一次把宗教當作公民身分認定的標準。主要是提供給來自巴基斯坦、孟加拉、阿富汗等國的印度教徒、錫克教徒、佛教徒、祆教徒、耆那教徒、基督徒等「宗教少數族群」印度公民身分。

反對者認為，這項修正案等於是把移民劃分為「非穆斯林」與「穆斯林」兩類，並排除了穆斯林族群，違反印度憲法中的世俗化原則。

印度北方古城阿約提亞是印度教羅摩神誕生的宗教聖地。該地原本有一座古老的巴布里清真寺在 1992 年遭到破壞，原址應該興建羅摩神廟或清真寺，成為印度教徒和穆斯林的全國性衝突議題。

2019 年印度最高法院判決該地重建羅摩神廟，穆斯林一片譁然，導致該地必須動用警察維持治安，平息爭議。

摻入歷史仇恨、恐怖主義、強權角力等因素，使得南亞地區的整合愈加困難。

矛盾融合體三
印度民主既非歐美模式，也不符合預設理論

印度民主的發展軌跡與「歐美模式」和「預設理論」有很大的不同。

印度制定憲法時，便大膽決定給予民衆票票等值的普選權利。事實上，當印度於一九五二年舉行首次大選時，全國的識字率僅有一八%，所以需要設計以政黨標誌爲主的選票，以幫助不識字的選民投票。但印度制憲者仍然篤信民主價值，建立議會式民主政體。

除了英迪拉．甘地主政時期曾在一九七五至一九七七年間施行「緊急狀態」中斷民主程序外，印度獨立以來都是信守民主制度。近年來，印度在若干人權議題上確實有一些爭議作爲，具有改善的空間。但相較於專制或軍事政變頻仍的鄰國們，印度的民主制度大體上仍是瑕不掩瑜。

矛盾融合體四

跨文化活動力，印度人才國際上如魚得水

國際社會通常是以單一民族國家的角度看待印度，以爲印度就是一個單一個體，忽略印度具有多元的文化色彩。

此外，印度地廣人稠，外界在接觸印度時，很容易將片面的接觸經驗化約成全印度的現象，造成「印度就是……」的論斷。事實上，如同經濟學家瓊．羅賓遜（Joan Robinson）的觀察，不論對印度有何正確評價，很容易就能找到反證。某種程度上，以多元文明的角度切入，會比用單一國家的角度更容易理解印度社會的現況及全貌。

除了前述宗教爭議，印度基本上樂於保持文化多元性，而非試圖將其融合成一體。印度人從小就在這種多元文化環境中成長，養成跨文化的活動力，讓印度人在全球化社會中如魚得水。

許多跨國公司的執行長都是由印度裔所擔任，便是因爲他們充分展現了此種多元文化能力，而非僅是英語能力。如何在印度教民族主義的衝擊下，持續保有文化多元性是印度重要的課題。

名詞解說

單一民族國家

通常是指單一民族人口超過九〇%的國家，如日本以大和族為主，韓國以朝鮮族為主，孟加拉的孟加拉族人口則占了九八%。

【政治經濟】

國際政經吹印度風——美國企業出走中國，重構印太產業鏈布局

國際政治經濟風向改變。在美國企業眼中，印度擁有人口紅利、政策利多、地緣政治等內外在優勢，是當前最熱門的投資地。

文／邱師儀（東海大學政治學系教授）

美國企業布局一

印度，外商「中國逃難潮」首選地

二〇〇〇年初期，美國量販超市沃爾瑪的顧客半夜打客服專線時，接電話的會是地球另一端帶有腔調的印度客服員。當時，美商富國銀行（Wells Fargo Bank）等高端企業也採用**跨國客服系統**，只是他們更進階，訓練印度籍客服專員完全修正到沒有異國腔調，讓客戶誤以爲電話是美國在地人員線上服務。

同一時期，位於芝加哥北方的西北大學，方圓數公里內的電腦維修商家，十家之中就有八家是印度人開的，而且很多老闆還是美國名校電機博士，英語流利，印度人的生意頭腦與適應力舉世聞名。

新冠疫情期間，中國嚴格封控把外資企業都嚇壞了，世界工廠爆發「企業逃難潮」，包括蘋果在內的美國企業，紛紛把位於中國的製造部門移往南亞和東南亞，能講英語的印度遂成落腳首選。

名詞解說

跨國客服系統

一九九〇年代，美國企業大舉將客戶服務、售後服務和線上購物等工作外包到印度，被認為是服務系統跨國遠距外包的濫觴。

這個系統讓印度科技大城邦加羅爾（Bangaluru）迅速崛起，成為今日印度高科技產業發展的基石。

一直以來，印度在科技與貿易領域都與美國有不錯的交融。二〇二二年美國擠下中國成爲印度最大的貿易夥伴。不止於此，自從二〇一六年川普採納安倍晉三的「印太戰略」後，過去常講的「亞太」一詞已經換上新的外衣，叫做「印太」；亞太戰略概念擴大到印度洋，讓印度占據戰略的核心位置。

美國企業布局二
「印度製造」爲外資進入簡化流程

二〇二三年，適逢印度人口正式超越中國，成爲人口第一大國。在人口紅利背後隱含著優質人才、內需市場和消費潛力等利多因素，讓外資躍躍欲試。

印度政府借力使力，爲外資開啓更多便利的通道，包括建立統一稅賦系統（Goods and Services Tax）、簡化稅務流程、減去重複的間接課稅等。同時，印度政府也持續推行「印度製造」（Make in India）的政策，藉由解除各種管制與加速商品審核流程，希望外商能將製造、設計等部門都設在印度。

此外，美印積極聯手，準備在尖端產業領域稱霸世界，包括在清潔能源轉型中領先；加強全球半導體供應鏈；領導人工智慧、先進計算、生物技術和量子計算的革命。

在許多人的印象中，美國企業都像蘋果、微軟一樣龐大，但其實美國有一群中小型「中堅企業」。這些「中堅美國」廣布在美國中西部、南方與五大湖區的「鐵

名詞解說

印度製造（Make in India）

印度總理莫迪在二〇一四年推出的經濟政策。意在鼓勵投資和創新，發展基礎設施，在所有政府部門設立計畫發展小組，讓印度成為全球製造、設計及創新中心。

根據印度商工部資料顯示，印度政府推行的「印度製造」政策奏效，在二〇一四至二〇二二的八個財政年度期間，印度製造業取得的外國直接投資（FDI）資本額成長了五七%。

鏽帶城市」。

從一九九〇年代中期開始，「中堅美國」幾乎與中國工廠與市場成爲命運共同體。民主黨的柯林頓與歐巴馬總統都希望把中國納入全球供應鏈，藉以滋潤美國中小企業，以刺激中國民主轉型。「中堅美國」從中國進口大量便宜機具、零件與原物料，加工後再外銷中國。然而，就在習近平掌權之後，發現「滋潤美國中小企業，刺激中國民主轉型」的想像根本就是華府菁英的一廂情願。「中堅美國」企業轉向認同共和黨，並發現印度才是最佳避險地。

美國企業布局三

國際貿易講誠信，民主印度是避險地

二〇一六年以前，許多「中堅美國」企業爲民主黨執政下的經濟蕭條所苦，本來由藍領工人起家的白人老闆多是支持民主黨的工會成員，但卻在川普對上希拉蕊的大選中決定懲罰希拉蕊，把票投給川普。

換言之，這些中小企業造就了新一波的共和黨認同，民主黨的拜登政府上台之後，當然不敢再輕忽「中堅美國」的聲音與利益。

新冠肺炎爆發後，習政權切斷了多數中國工廠與市場和「中堅美國」的連結。美國訂單被大量棄單，靠中國市場消化的商品瞬間滯銷。**美國中小企業家體會到極權社會翻臉比翻書快、說變就變的特質，愈發體會到國際貿易中**

早在 1990 年代，印度即努力發展數位教育，在科技重鎮邦加羅爾為小學生開設電腦教學課程。

「誠信」的重要性。

危機就是轉機，疫情爲美國中小企業帶來全新啓示：他們還有印度這個國家可以避險。

印度相對透明的政策執行過程，讓美國的商業評比單位可以計算出企業風險係數；同時，雖然印度是資本主義市場國家，但政府採取了類似中國的商業環境建構與改革，兼具法治與效率。

這些條件均有益於原本在中國的美國企業外移印度。

不過，許多印度專家仍提醒「印度的水很深」，西方企業投資印度仍舊面臨若干挑戰，包括部分印度官僚體系可能還存在著回扣文化。另外，印度員工的特質不像東亞與東南亞國家員工，願意把加班當作常態。

面對印度這個唯一能跟美國在政治、軍事與商業面向上都相處融洽的「金磚國家」，美國在下一個十年，甚至更久，與印度形成更緊密的聯盟是可以預期的；而「美中脫鉤」是否將以「美印聯盟」作結，值得持續觀察。

全球資金掀印度熱，不只讓印度股市 SENSEX 指數創歷史新高價位，國際企業紛紛到點布局產業鏈。圖為印度首都新德里英迪拉．甘地國際機場牆面裝置，以佛教的祝福手印歡迎國際旅客。

【軍事國防】

大國崛起後盾——印度軍事實力總盤點

印度藉由不斷提高國防預算，以利在地緣政治變局中掌握主動權，雄厚的軍事實力就成為這個南亞大國崛起的後盾。

文／翟文中（國防安全研究院國防戰略與資源研究所助理研究員）

軍事實力總盤點一
全球火力排名第四，致力軍備國產化

長期以來，印度都是南亞與環印度洋諸國中首屈一指的大國，近年除了經濟成就備受外界關注，日益重要的地緣戰略位置也將印度推向國際政治舞台，成爲美國極力拉攏用以對抗中國的重要夥伴。

印度爲了保有和強化自身的區域影響力，在經濟實力茁壯後積極進行軍事現代化，這種發展有可能催化中印巴三國的傳統與核武軍備競賽，從而爲南亞區域的和平與穩定投下不安的變數。

爲因應地緣政治競爭，印度在二〇二三至二〇二四財政年度（四月一日起計算）的國防預算上編列了五．九四萬億盧比（約七百二十六億美元），較前年度增加了一三％，約占當年度印度聯邦政府總預算的一四．五二％，約爲同時期印度GDP（國內生產毛額）的二％。

名詞解說

環印度洋

如字面意思，為環繞印度洋的地區與國家，包含亞洲、非洲、大洋洲，具有交通便利、天然資源豐富等特質。該區域國家成立了以經濟貿易為主旨的「環印度洋區域合作聯盟」（The Indian Ocean Rim Association, IORA），目前共有二十三個成員國。

根據《全球火力》（Global Fire Power）軍事網站公布的二〇二三年軍力排名，印度位居第四，緊隨美國、俄羅斯與中國之後。

莫迪出任印度總理後，除大幅增加國防預算推動軍事現代化外，也積極進行軍備國產化用以建立國防自主能力。雖然，相關計畫與政策時有延遲落後與執行不力情事發生，但並未對印度邁向軍事強國形成任何嚴重的阻礙。

軍事實力總盤點二

混合俄美法印武器精華，自行量產「光輝」戰鬥機

根據英國智庫國際戰略研究所（International Institute for Strategic Studies, IISS）發布的二〇二三年版《軍力平衡》（Military Balance）年鑑資料顯示，印度武裝部隊是由陸軍、海軍、空軍與海岸防衛隊組成，總人員約爲一百四十八萬人；憲兵與其他安全及邊防等準軍事部隊規模約有一百六十餘萬，後備役部隊的人數爲一百一十五萬人。

印度陸軍由參謀長領導，全國下設六個軍區，部隊編組和其他國家並無太大差異，所使用的 T-72M1 與 T-90S 主戰坦克和 BMP-1/2 步兵戰鬥車皆爲俄羅斯生產，飛彈與多管火箭系統則爲自製裝備，印度陸軍近年開始引進美式裝備，例如 AH-64E 阿帕契攻擊直升機。

印度海軍，主戰艦船包括一艘核動力彈道飛彈潛艦、兩艘航空母艦、十六艘

名詞解說

光輝戰鬥機（Tejas）

印度斯坦航空有限公司研發的輕型戰鬥機，用以取代逐步老舊的 MiG-21 戰鬥機，二〇一五年開始服役，至今已研發到第二代（Tejas Mark II）。根據印度國防研究與發展組織（DRDO）資料顯示，光輝戰鬥機已成功試射 ASTRA 空對空飛彈，表示該機型具攜帶視距外重型武器的能力。

柴電動力潛艦與十一艘驅逐艦，以及爲數衆多的護衛艦、驅逐艦、巡防艦、兩棲艦船及勤務支援艦船，**是全球第六個具有「海基式嚇阻」**（Sea-based Deterrence）**能力的海軍**。

印度空軍，設有五個地區司令部與兩個支援司令部，服役的主戰戰機多由俄法兩國製造，前者包括 MiG-21、MiG-29 與 Su-30MKI 等機型；後者則爲飆風與幻象 2000 兩機型。

印度近年成功開發並量產了「光輝戰鬥機」（Tejas）**，目前也積極地從事「先進中型戰機」**（Advanced Medium Combat Aircraft, AMCA）**的設計，希望能提供印度空軍更具有戰力的下一代作戰飛機。**

軍事實力總盤點三
核武庫存強權，部署多彈頭長程彈道飛彈

除了擁有強大傳統武力外，印度也是美俄英法中「五大擁核國」之外少數擁有核武庫存的區域

印度擁有規模龐大的軍隊，常規部隊就有一百四十八萬名官兵，支撐著大國軍事實力。圖為印度軍事學院（IMA）軍校學生在閱兵典禮後開心的合影。

性強權。

根據瑞典斯德哥爾摩國際和平研究所（Stockholm International Peace Research Institute, SIPRI）年鑑資料揭示，**印度在二〇二三年一月時擁有一百六十四枚核彈頭，與巴基斯坦擁有的核彈頭數量相當（一百七十枚）**。

值得一提的是，印度與中國的核戰備情況如出一轍，承平時期是將核彈頭與投射工具分置，在進行部署前必須耗費時間結合兩者。

如同其他五個擁核大國，印度由陸基彈道飛彈、戰略轟炸機與核動力彈道飛彈潛艦組成的**「核三位一體」**（Nuclear Triad）打擊能力，可完善並強化印度核武嚇阻政策的可信度（Credibility）。未來，印度勢將部署能攜行多彈頭的長程彈道飛彈，用來因應中國核武快速擴張對印度國家安全日甚一日的威脅。

因此，印度對「多目標重返大氣層載具」（Multiple Independently Targetable Re-entry Vehicle, MIRV）**技術的研發不遺餘力，即使目前還有技術瓶頸必須克服，但這個軍備發展方向不會有太大改變。**

此外，印度軍事部門對即將出現的新三位一體（Emerging Triad）力量，特別重視太空、網路與特種作戰能力；近年亦不斷地透過引進新裝備與研發新戰術，提升網路、資訊與電子作戰能力。

名詞解說

多目標重返大氣層載具 (Multiple Independently Targetable Re-entry Vehicle, MIRV)

亦即分導式多彈頭，讓彈道飛彈可裝載多枚核子彈頭，攻擊不同目標，讓反彈道飛彈的攔截難度變高。

印巴核武競賽

一九九〇年代，印度與巴基斯坦爭相進行核子試爆，用以達到核威懾的平衡，讓兩國陷入緊張對峙，使得該區域呈現緊繃狀態，但這兩個國家也從此晉身為核武俱樂部。

印度開發量產的光輝 Tejas 戰鬥機不斷研發精進，可望提升印度空軍實力。圖為光輝 Tejas 戰鬥機在馬來西亞蘭卡威機場跑道上滑行。

軍事實力總盤點四

以武力當後盾，提高國際政治影響力

印度積極進行軍事現代化，主要是想達到兩個目標：一是在區域軍事競爭中取得優勢地位，回應中巴鄰國的軍事挑戰；二是透過和平運用軍力，在國際政治舞台取得影響力。

有關區域軍事競爭，早期印度的戰略規劃與兵力發展是以巴基斯坦作爲主要考量，兩國由於歷史宿怨與喀什米爾歸屬議題，先後進行了三場戰爭（一九四七、一九六五與一九七一年）；一九九〇年代，**印巴核武競賽**更使南亞大陸成爲全球潛在性衝突熱點。

但隨著中國軍事現代化開展與兵力投射能力的增加，印度設想的主要假想敵已由巴基斯坦轉移至中國，從近年印度積極擴充核武打擊範圍與發展潛射彈道飛彈即可見端倪。

另外，中國海軍艦船長期駐留印度洋水域執行打擊海盜任務，更引發印度國安階層高度關切。

有關國際政治影響力，印度有高遠的企圖心，長期將自己視為環印度洋強權，又積極介入亞太事務、持續爭取成為聯合國安理會常任理事國，並提供相當兵力支持聯合國維和行動，要達成這些軍事與政治目標，就需要有相對應的軍事武力才能達成。

由於英美積極協助印度發展軍力，用以抗衡中國軍事擴張，加上印度本身強化軍隊的意圖強烈，印度軍隊或許將成為能在南亞，甚或印太區域產生明確影響力的軍事武力。

作為印度洋大國，印度也建立雄厚的海軍實力。圖為 2021 年印度海軍護衛艦塔巴爾號（Tabar）在俄羅斯聖彼得堡港口。

7 台灣的觀點可以是

印度離台灣似近又遠，彷彿可以掌握，卻又隔層紗。

台灣人為什麼要瞭解印度？印度地緣政治和台灣有什麼關係？巨象在西邊牽制中國，巨龍從東邊出海就有顧慮？

全球最大內需市場，最熱門投資地，台灣該不該跟風？跨越二・五小時時差，外交與人才都能擁抱新機遇？

透過總體布局、國防安全、經貿投資三組提問，可以激盪台灣人的印度地緣政治觀

視角起步：二・五小時的時差，是距離？是機會？

印度新強權崛起，各國爭相和她交朋友，人口紅利和內需市場所帶來的經濟前景被各方看好。但是當跨國企業積極搶進布局的此刻，台灣的政府、企業和人才，多少都有一種不知從何跟進這波熱潮的感慨，原因到底是什麼？

文／方天賜

台灣人想跟進這波全球「印度熱」，但爲何常感到力不從心？推究原因，就在於台灣與印度的實質距離並不遠，但心理上的隔閡卻很大。

在出國旅遊時，很多人會先查找目的地的時差，當他們第一次發現印度與台灣時差是二・五小時的時候，都會感到訝異。因爲「二・五小時」並不遠，而且「二・五」也不是常見的整數。

其中，「〇・五」小時的尾數，和其他國家都不一樣，也正好反映出印度「自有主張」的某種特異性，台灣人較難以理解。

在語言上，印度人開口說的是英文，但聽在台灣人耳中就是和自己認知的英語不同；在飲食上，台灣人常吃咖哩，但印度的咖哩也跟台灣人熟悉的口味不一樣。更遑論宗教、服飾和社會制度，在講究平權的台灣社會，很難理解爲什麼印度人對於種姓制度會如此「認命」。

另外，**印度「自有主張的〇・五特異性」也表現在政治制度上。許多人都知**

印度與台灣只有 2.5 小時的時差，但台灣人對印度的文化理解，大多還停留在觀光層面。圖為孟買洽拉巴帝西瓦吉火車站（前維多利亞火車站）大廳，巴洛克式建築風格建物已被聯合國教科文組織列為文化遺產。

道印度是民主國家，卻不清楚其實印度憲法規定，印度是「社會主義」、「世俗的」、「民主共和國」。也就是說，印度實施的並非「歐美模式」的民主制度，而是在種性制度及印度教民族主義氛圍下的印度式普選民主。

連印度人自己都把印度形容爲「不可思議」的國度。印度太多元了，每走幾十公里，可能就會遇見不同的語言及族群；印度有頂尖的國際CEO人才，但也有三億人生活在貧窮線下。有人甚至戲稱，只有板球及寶萊塢電影這兩樣東西是印度人的共通語言。

日本作家妹尾河童在《窺看印度》一書中提及，到印度的旅人「若不承認彼此的差異，就沒辦法生存下去」。外人需要承認及理解印度的差異，而不是急著用自己的價值觀去改變她。因此，雖然二‧五小時時差的實質距離並不遠，但台印之間卻有著很大的心理鴻溝。如何搭橋讓彼此可以跨過這道鴻溝，便是台灣人認識印度、親近印度、搶進印度的最佳視角起步。

台灣無法再忽視印度的崛起，印度就像一張威力彩，是一個大機會，只看你有沒有自信去擁有她。**而台灣的企業和人才若想要翻轉印度，就要善於找到屬於自己的支點——足夠的機會跟資源。這二‧五小時的距離，就不再難以跨越。**

總體布局：台灣如何面對印度崛起？

當距離有點遠，又不會太遠，對印度有點熟又不太熟，台灣在總體布局上，可以如何形塑出務實地緣觀？

文／方天賜

印度崛起的意義　經濟貿易 vs 戰略價值

Q1 印度崛起，對台灣有什麼意義？當全世界都爭相與印度交朋友時，台灣如何和印度建立關係？

對台灣社會而言，印度崛起有兩個重要層面的意義。

第一個層面的意義是「經濟貿易」。

印度經濟潛力在一九九一年經濟改革後逐漸釋放，成為重要的新興市場，與巴西、俄羅斯、中國等並列為「金磚國家」。

雖然印度的平均國民所得仍然偏低，但總體的GDP日益茁壯，已超越原先的殖民母國英國，成為世界上第五大經濟體。現任總理莫迪發下豪語，希望在下一個任期（二〇二四至二〇二九年）讓印度成為全球第三大經濟體。

印度的貧富差距仍大，但具有消費能力的中產階級人數約有三億五千萬，相

名詞解說

新南向政策

李登輝政府在一九九〇年代推出「南向政策」，希望台商往東南亞發展。二〇〇三年，面對亞洲金融海嘯後的情勢，陳水扁政府推出「新南向政策」，同時側重經濟、文化、教育等面向的交往。二〇一六年，蔡英文政府成立總統府直屬新南向辦公室，將南向範圍從東南亞擴大到南亞和大洋洲等國家。

印度的前景呈現斑駁而樂觀的景象，雖然平均國民所得仍然偏低，但日益茁壯的經濟體對世界經貿深具影響力。圖為孟買街頭彩繪，呈現印度日益多元的交通基礎建設。

當於美國加上加拿大的人口，使得印度市場具有高度吸引力。

就台灣而言，印度的經貿結構與台灣互補，若能有效開拓印度市場，不僅有助於台灣整體經濟發展，也可以分散對中國市場的依賴。台灣自二〇一六年起推動**新南向政策**，將印度列爲重點國家，便是著眼於此。

第二個層面意義在於「戰略價值」。

印度與中國接壤，但兩者關係長期不睦。因此，美國及其盟友從地緣政治的角度出發，希望拉攏印度成爲制衡中國的一環。美國提出「印太」（Indo-Pacific）構想，取代以往的「亞太」說法，便是試圖納入印度的地緣戰略設計。美國也與日本、印度、澳洲組成「四方安全對話」，邀請印度加入「印太經濟框架」（IPEF），希望培養一個有能力制衡中國的強大印度。

不過，台灣與印度的雙邊關係雖然穩定發展，但戰略合作的內涵仍然不足。此外，印中關係雖然不佳，但印度缺乏對抗中國的意願，傾向與中國發展穩定關係，因此所謂「聯印抗中」的論調還難以成爲現實。

台印軟實力　政治敏感vs利益互補

Q2 台灣和印度可以發展什麼樣的外交或實質關係？

台灣與印度之間沒有重大的利益衝突，但有互補利益，因此很適合發展成夥伴關係。

不過，台印之間政治交流及軍事合作的敏感性較高，加上中國因素的影響，雖然台灣已經在印度新德里、清奈、孟買設立三個官方據點，但在政治及軍事議題上短期內較難有突破性進展。

因此，台印關係的發展或許可以採取務實方式，側重「軟實力」及功能性領域，先找出雙邊互利合作的項目，再擴展到其他領域。

舉例而言，台灣的資訊通訊科技、半導體、農業、食品加工、華語等產業，都是印度所需求的項目。反之，印度在製藥、太空科技、軟體的發展則優於台灣，值得台灣學習。

此外，台灣高等學府因少子化面臨困境，但印度的大學供不應求，許多印度學子須到海外就讀。若能成功吸引印度人才到台就讀，並為台灣企業服務，也對台灣發展有益。

清奈是印度位於孟加拉灣上的重要港口城市，是台商在印度的發展重鎮，除了成立台商會之外，政府也在 2012 年設立駐清奈臺北經濟文化辦事處。圖為清奈知名的殖民地風格火車站建築地標。

中國問題 安全戰略夥伴關係 vs 互惠發展夥伴關係

Q3 對印度崛起，台灣該有什麼積極的作爲？有什麼矛盾點需要考量？

台灣與印度一直到一九九五年才互設代表處，啓動官方交流，因此時間並不算久。

首先，印度不太認識台灣，台灣對於印度也缺乏全面性的瞭解，甚至帶有負面看法。

事實上，現今台灣大學中，並沒有印度研究的專業系所，所以難以培養理解印度的人才；再加上文化、語言、宗教等隔閡，印度也不像東南亞有大批華僑，使得雙邊社會的發展較爲緩慢。

其次，在中國問題上，台灣對印度不應該存有不切實際的期待。

印度雖然國力增強，但並無意承擔過多的國際責任。除非是涉及自己重大利益的衝突問題，否則印度在國際上傾向採取不公開選邊的政策，印度對於俄烏衝突的立場就是

例子。印度在聯合國中針對俄烏衝突的表決都是選擇棄權票，她不加入美歐對俄羅斯的經濟制裁，反向俄羅斯大量購買廉價原油；但她也向烏克蘭提供人道援助，維持與烏克蘭的關係。

換言之，當所謂「台灣有事」時，印度未必會在國防安全上積極協助台灣。因此，台灣應該界定台印關係中的務實發展目標。

基本上，印度崛起對台灣有利，不論是成長的消費市場、牽制中國的能力、廣大的人力資源等，都是台灣所需。但是印度崛起對台灣的隱憂是，印度的國力及影響力持續增加時，同樣會吸引美、日、歐洲等其他國家的興趣。台灣需要展現足夠的競爭力，才能獲得印度的青睞。

在經貿、科技、文教等領域，台灣相對於印度仍然擁有一些優勢。舉例而言，華語教學、開放印度人力資源便可成爲台灣的交流籌碼。印度基於經貿與國安需求，需要學習華語以利於跟中國交往，而這正是台灣的強項。

此外，台灣面臨少子化及缺工危機，但印度擁有年輕的勞動力人口，雙方有合作潛能。

換言之，台灣不需急著與印度建立「安全戰略夥伴」關係，而是先重點拓展上述具有合作潛能領域，構建互惠的「發展夥伴」關係，以奠定長期發展的基石。

印度人口多，大學相對較少，吸引印度學生來台就學，也是人才與國家交流的好方式。圖為印度醫學院學生在實驗室進行生化實驗。

國防安全：相同地緣天敵，台印軍事可能合作？

印度認為台海緊張可以緩和中印對立；台灣期待中印張力可以緩解台海壓力，台印之間會有甚麼可能性？

文／翟文中

權力板塊位移　印太新局 vs 台海安全

Q1 從軍事和國防的角度來看，台灣該如何看待印度的崛起？

長期以來，台灣戰略社群對印度的安全政策與軍事戰略未有太多關注，國防部在印度雖設有軍協組處理兩國軍事交流事宜，但對印度在台灣國防安全與軍事戰略可以扮演的角色亦未有深入的探討。

然而，隨著印度在政治、經濟與軍事領域的影響擴大，加上印度對南海與東亞安全的關注與日俱增，台灣應正視並審慎評估印度崛起對台海安全可能形成的影響。

近年，中國軍事力量的增長已成爲印度安全的隱憂，二〇二〇年六月中印兩國因邊境問題於加勒萬河谷爆發衝突，雙方各有人員死傷。這個事件成爲印度與西方國家強化安全合作因應中國威脅的催化劑。

名詞解說

軍協組

全名「軍事協調組」，為我國駐外武官單位，隸屬於國防部，在外交使館中負責處理跨國之間的軍事性業務。

隨著美國積極推動「印太戰略」，美日印澳「四方安全對話」密集進行磋商對話，印度未來將成爲美國「印太戰略」的重要支柱，也將成爲美國在印太區域制衡中國的關鍵力量。

二〇二三年七月，印度將一艘輕型飛彈護衛艦贈予越南，並透過軍事演習等交流，強化與東協國家間的安全合作，顯示她未來將在東亞安全扮演更爲積極的角色。

面對美日印三國在海洋與陸地兩個面向的安全挑戰，中國也積極地強化與緬甸和巴基斯坦的合作，試圖在印度側翼對其施壓，用以緩和其在地緣戰略上的不利態勢。

隨著國際社會對台海安全的關注重視，美日印等大國利用結盟來遏制中國在印太的軍事冒險，這種地緣政治發展趨勢可爲台海安全提供更爲堅實的保障。

一九六二年，中國與印度曾因邊境問題發生戰爭，最終中國取得了中印西線爭議的阿克賽欽地區；印度則占領了東線爭議的藏南地區絕大部分。

在這場戰爭結束後，兩國關係始終未能眞正取得和解，中印兩國均將對方視爲其地緣戰略上的最大挑戰，中國近年的軍力擴張更強化了印度既有認知，促使印度現代化其軍力並尋求與他國進行安全合作，化解其在抗衡中國時軍力所處的不利態勢。

名詞解說

核子動力潛艦 (Nuclear Submarine)

使用核反應爐為動力的潛艦，潛水時間較傳統的柴電混合動力潛艦為長。核子動力潛艦並不一定會搭載核武器。

近年印度積極進行軍事現代化，試圖在國際政治舞台取得影響力。每年印度國慶日閱兵典禮上的「機車疊羅漢」，也成為軍事迷期待的焦點。

競合格局　中國能源vs印度海軍

Q2 印度海空軍力扼守中國能源生命線，會化解台海軍事壓力？

中國關切的主要戰略方向在東南方，而非西南方。然而中國在處理台灣問題時，必須能在地緣周邊維持穩定局面，印度的崛起促使中國必須投入更多資源在西南陸疆，這種發展對中國解決台灣問題的戰略方向相當不利。

此外，印度近年來在強化海軍戰力面向著墨甚多，現已擁有兩艘航空母艦與一艘配備潛射彈道飛彈的**核子動力潛艦**（Nuclear Submarine）。二〇二三年七月，印度宣布將向法國採購二十六架「飆風M」戰機與三艘「鮋魚級」潛艦，這將使印度海軍的整體打擊能力獲得更進一步提升。

這種發展使中國所處的地緣戰略架構更加不利，不僅必須在東亞島鏈面對美日的聯合圍堵，同時尚須在印度洋水域處理印度海軍的崛起。

由於中國最重要的生命線——由中東至南海的原油進口航路，暴露於印度海空軍力打擊範圍內。

因此，印度相對中國特殊的地緣戰略位置，已使中國必須處理的問題由原本的陸地導向擴展至陸海兩個領域，此對於分散中國資源化解台海軍事壓力具有正面效應。

由於印度選擇加入美日對抗中國陣營，因此印度的強權崛起可使台灣在戰略安全上間接受益。

台灣與印度都位在印太地緣戰略的競合格局中，兩國面對中國軍事威脅具有價值上的共識，台灣與印度可在此基礎上擴大安全合作與軍事交流。

情報交換　軍事合作vs低調交流

Q3 台印軍事合作，有什麼可能性和矛盾點？

事實上，台灣與印度一直低調著進行情報交換，隨著中國對印太區域的軍事威脅不斷提升，加上國際社會對中國軍力的發展日漸關切，現役軍事人員交流或軍方人員透過「第二軌」進行的安全議題研討，均有助於印度戰略社群對於台海安全議題更為深入的瞭解。

然而，不可忘記的是，無論是從台北，或從新德里來看，中印邊境緊張持續抑或台海對立情勢加劇，無疑地，台印雙方各自有比較偏愛的戰略趨勢。

近年印度積極自主研發軍事武器。圖為皮納卡多管火箭砲（Pinaka）正準備參加2023年的印度國慶日閱兵典禮。

因此，台灣與印度在安全合作上存在著結構性的制約因素和矛盾心理。也就是說，印度認爲台海緊張可以緩和中印對立；台灣期待中印張力可以緩解台海壓力。

在這種情況下，美國必須定期針對中國軍事威脅的方向，以及台海、中印地緣戰略環境變化，不斷進行審慎評估，從而透過對「印太戰略」的「再平衡」調整，才能更靈活且及時地回應中國在台海與南亞兩個方向的軍事挑戰。

從宏觀的角度來看，台灣軍力提升對印度的戰略態勢走向並沒有太大的影響。相對的，印度軍力特別是海軍實力的崛起，將成爲中國必須投入更多資源因應立即且迫切的威脅，印度將成爲未來唯一能在海陸兩個面向遏止中國軍事擴張的重要力量，這對台灣形塑安全環境將可提供一定程度助益。

2023 年 10 月 10 日，印度軍方在阿薩姆邦 East Tech 2023 航空科技展上展示最新國防無人機。

經貿投資：看著商機，如何吃到大餅？

印度適合台商布局生產線嗎？貿然進入，不如審慎評估。

文／魏錫賓（《自由時報》財經週報執行長）

複雜經濟體　想像vs現實

Q1 印度市場看好，是企業的好機會？

印度太大，無法一言以蔽之；印度人口眾多，不能概括成單一種性格。就像瞎子摸象，即使親聞、親見、親炙，經常也只能拼湊出其中的一角，而且可能是遠離眞正特質的一角。

不管是遠觀或近窺，每個人看到的部分總是不盡相同；於是，大家心中的那一個經濟印度，既是黯淡衰敗，也具無窮潛力。

從人口、土地來看，印度都是一個大國；若只以經濟的面向觀察，印度是一個極端的國家。

在《富比士》（Forbes）二〇二三年資產十億美元以上的全球富豪排行榜中，將要正式成為全球人口最多的印度有一百六十九人上榜，人數僅次於美國與中

名詞解說

《富比士》（Forbes）

美國商業雜誌，以金融、投資、產業等為主要報導議題。一九八七年開始進行「全球富豪榜」（The World's Billionaires）調查，榜上成員排除王室與獨裁者，被認為是最具公信力的富豪調查報告。

二〇二三年台灣共有五十位人士進入此榜。

國；但聯合國估計，約有六億的印度人，處於每日生活費不到三．六五美元的貧困階級。

整體來看，印度平均每人年所得還不到兩千五百美元，但其光鮮亮麗的族群依然可觀且突出，與其近二十年經濟成長同樣地耀眼。

就像聯合國的報告所提到的，過去要協助窮人，只要協助低所得的貧窮國家，但現在大部分的窮人是生活在中等所得國家；因爲以人數論，經濟成長迅速的印度及中國，富人人數僅次於美國，但仍有最多的窮人。

印度社會結構複雜，貧富差距懸殊，對企業而言，代表著目標顧客群的區隔多樣，亦即印度整體市場雖然龐大，看似能輕易達到規模經濟；但在執行層面，卻又需要有「因人、因地制宜」的策略，若是營運量能有限，將很難在印度市場脫穎而出。

於是，即使印度的消費成長力驚人、經濟成長率在主要國家中名列前茅，但對這個不容忽視的市場，在實際評估後，不少企業反而卻步，維持

印度貧富差距懸殊，許多鄉間居民仍依賴微型貸款。圖為印度小型金融銀行人員正向農村貧困婦女收取貸款分期。

著遠觀的態度。

外資青睞　投資獲利vs風險分散

Q2 印度環境有投資門檻？

個別企業或個人之間的經濟關係有難以盡數的組合與樣態，甚至有時還滲入情感因素；但國家間的投資與貿易則有客觀數據，能顯示企業的真正行動。

根據聯合國貿易暨發展會議（UNCTAD）的統計，全球二〇二二年的外來直接投資（ＦＤＩ）總額約一．三兆美元，資金流入的前兩名分別是美國與中國，分別接近三千億、兩千億美元，合計占了三分之一以上；印度是以四九〇億美元排在第八名。

隨著經濟規模擴大，印度吸引資金能力不斷增強，不僅二〇一八年之後，每年都超過四百億美元，根據印度政府統計，二〇二一年四月一日至二〇二二年三月三十一日（印度的財政年度）吸引的外人股權投資更達五百八十八億美元左右。

美日兩國的ＦＤＩ流入金額占其國內生產毛額（ＧＤＰ）的十分之一強，近年來印度占比更高，若加上經濟成長率的預估加速，未來ＦＤＩ的流入金額可望進一步提高。

崛起後的印度，有如奔跑起來的大象，每一步都令人感受到震動。

多數國際企業前進印度設立生產線，是基於勞動人口與消費潛力。圖為印度機械工程學生在工廠練習使用電動工具。

然而，各國企業對印度市場的評估顯然頗有差異，外來投資的資金來源雖相當分散，但新加坡與美國非常積極，前者因聚集富有的印度僑民，後者則一向是投資大國。二〇二一年四月一日至二〇二二年三月三十一日對印度投資最高的新加坡，約爲一百六十億美元，第二名美國略超過一百億美元。

台商投資　世界工廠vs消費市場

Q3　台商投資現況如何？門檻在哪裡？

隨著印度經濟的加速成長，各國企業資金湧入投資，但台商對印度著墨不多。

根據經濟部投審會統計，從一九五二至二〇二二年止，經核備之台灣企業對外投資案件累計金額約一千八百億美元（不包括對中國大陸的投資），金融業爲對外投資最多的行業；而排在第二位的是製造業，其中又以電子零組件的占比最高。

然而，不管是哪一種行業，在漫長的五十年中，台灣企

業經投審會核備，累計投資印度不到一百四十件，金額總計僅十二餘億美元，占不到對外投資的一%，且半數發生在二〇一八年以後。

最近幾年台商對印度投資雖稍活絡，但仍相對稀少。投審會在二〇二三年上半年核備的對印度投資案僅七件，合計約一億三千多萬美元，依然只占台灣企業同期對外投資金額的一．五%。雖然部分台商是透過免稅天堂等第三地將資金移往印度，未經投審會審查，但由印度官方的統計數字可以印證，來自台商的資金相當有限，以印度全球人口最多、經濟規模排名第五位的條件來看，台商前進印度的規模與速度，都遠遠的不足與緩慢。

若從另一個角度觀察，情況更爲惡劣。從一九五二至二〇二三年六月止，印度企業累計投資台灣的金額只有七千多億美元，在科技產業鏈中居於關鍵地位的台灣，吸引的印商投資金額，竟然不到全球企業來台投資的千分之一。

在直接投資之外，貿易也是連接兩國經濟的重要通道。印度一年超過五千億美元的商品進口，金額穩穩排在全球前十名，但以出口爲重要經濟動能的台灣，二〇二二年商品出口總金額雖接近四千八百億美元，出口到印度卻只有五十餘億美元，占不到二%，從印度進口的商品更少，只有三十一億美元，占總進口不到一%。台灣與印度的進出口關係，不管是從台灣或印度的角度看，都遠遠不及其各自在國際經貿中的份量。

從個別企業的角度來看，爲了在全球市場贏得優勢，對外投資的目的在於取得

印度人才具有英文語言優勢，成為印度產業與國際接軌的利基。圖為國立理工學院阿薩姆邦西爾治爾分校 MBA 學生。

進入市場的機會，或是尋找生產基地，希望接近原物料、便宜的勞工、較低的稅賦，以及融入產業供應鏈等。台印之間貿易連結不足，顯示台商過去不以追逐印度市場為重要目標，因此第一波前往設廠的企業，考量的自然是國際市場，只是把印度當成另一個世界工廠，而非消費重鎮。

對比越泰　國際版圖 vs 設廠優勢

Q4 為什麼台商南向投資仍首選越南和泰國？

當企業的管理階層翻開國際地圖，不是為了鎖定目標顧客，而是要選擇生產基地時，除了人口眾多能提供適當勞力之外，更重要的考量可能是其他生產與運輸成本、稅賦的降低、產業供應鏈的完整等。

台灣在全球供應鏈居於關鍵地位，既是以全球為市場，也以全球為工廠，電子零組件是對外投資的重要產業；因此，在將印度與已聚集大量台商的泰國、越南比較後，或許會感覺前往設廠的優勢不夠突出。

然而，那個經濟面貌模糊的印度，或許將會慢慢不見。

印度現在是全球第五大經濟體，總理莫迪二〇二三年六月底在美國國會演講強調「印度很快將成爲第三大經濟體」、「我們不僅發展得更大，而且發展得更快」。他並將最近火熱的AI（人工智慧）比做另一個AI（美國與印度的英文首個字母），既凸顯產業方向及其科技軟體實力，也顯示與美國平起平坐的信心。

印度經濟在過去幾年確實以令人驚嘆的速度成長及轉變，但莫迪還是提到：「我們有兩千五百多個政黨……我們有二十二種官方語言和數千種方言……在印度，多樣性是一種自然的生活方式。」顯然地，根深柢固的印度文化，以及複雜的社會結構，依然會挑戰著外來者；不管是前往設廠的企業或尋找機會的個人，都要有這樣的心理準備。

審慎評估　貿然進入vs眞實價値

Q5　投資印度該抱持什麼樣的心態？

兩國之間的關係，有時得自地理因素，部分則有歷史緣由，也可能因人的持續來往或物的交換而逐步地更爲密切。

台印之間的主要產業，過去既不是彼此的關鍵競爭對手，也少夥伴式的交心，又不將對方當作主要市場，因此一向顯得陌生而疏遠；不過，當各自成長爲國際上重要的生產、市場或技術中心後，合作或競爭關係不可避免地將逐漸強化，

今日的印度到處可見重大工程正在趕工，全球企業無不期待印度經濟體能帶著國際經貿順風往前。

不管是要把對方當作市場或工廠，對彼此都不能再視而不見。

從二〇一六年的第十大經濟體，攀升至目前的第五大經濟體，中間發生了橫掃全球的肺炎疫情，以及美中經貿的對抗，顯示出不管是處在景氣的順風或逆境，都不阻礙印度的發展。雖然歷史數據與經驗不一定重複，但至少證明即使在政經、社會組成依然複雜的情況下，印度也找出了一條成長的道路。

看好印度，但不貿然投入。從過去的經貿數字可以發現，廣泛的國際經驗使台灣企業跳脫現實與想像的糾結，更爲愼重的評估印度市場的眞實價值。

不過，除了在全球供應鏈中站在關鍵地位外，要能勇敢地跨進不同的市場，「這才是台灣」。

地緣政治筆陣

印度

國際人才流動，印度移工來台可行？

台灣可望引進印度移工，但社會對印度文化認識不足，有幾項挑戰亟須克服。

文／方天賜

台印簽署移工備忘錄，應克服多項議題

台灣與印度將簽署移工合作備忘錄，不僅有助彌補台灣的勞動力缺口，也是互利的政策。但過去台灣**外籍移工**（Foreign Workers）主要來自東南亞，對台灣社會而言，印度本身的文化差異性遠大於東南亞國家。台灣對印度的瞭解不足，須有良好的配套措施，以免讓美意打折。

首先，是語言問題。**許多人誤以爲印度人都會講英語。事實上，全印度會講英語的人口大約只有一〇%，而勞工階層的比率相對更低**，加上印度本身有二十二種官方語言，東西南北都不同。因此，未來在語言翻譯上，將是一項關鍵的成本，若沒有適切的翻譯人員，管理階層很難將指令確實傳達給第一線的執行者。因此，需要盡速培養能管理印度人員的中間幹部。

其次，是宗教及飲食考量。**約有八成的印度人信奉印度教，但全台公開的印度廟宇只有一間，過去便發生印度人私自將自宅轉化成印度教廟而引起社區紛爭，**

名詞解說

外籍移工（Foreign Workers）
透過移動到國外工作的人口，也被稱為「國際移工」。根據國際勞工組織統計，全球外籍移工人口將近一．七億人，占全球勞動力四．九%。

印度人口眾多，年輕勞力優質，移工一直是中東國家的最愛。但台灣若想開放印度移工，必須正視語言與宗教議題。

甚至告上法院，印度移工若達數萬以上，此類需求跟衍生的問題恐會增多。此外，印度朋友在飲食上有其特殊性，以往就有印度生在宿舍煮食咖哩引發他人抗議。印度教徒多不吃牛肉，第二大族群穆斯林不吃豬肉，茹素者也非常多。若無法滿足這些基本的飲食需求，恐釀成管理問題。

排除黑心仲介，產業別與開放額度必須慎重

第三，需要擬訂開放的產業類別。除了缺工嚴重的勞力密集產業外，就長遠來看，其實應同時放寬技職類的印度生產學專班或建教合作名額。過去因特定私校與掮客的非法仲介，導致主管單位對此議題非常敏感。事實上，若能讓印度生來台打工就讀，一方面自行賺取學費，一方面可以學習到相關技術，對少子化的學校、缺工產業、缺乏機會的印度生而言，將是三贏的結果。重點是如何排除黑心的仲介單位，而不是因噎廢食去犧牲這類計畫。

第四，開放額度。印度已是全球人口第一大國，也是中東等地的主要移工來源國。在配套措施還未完善前，建議應先採取小規模試行及滾動式修正。台灣與印度的民間交

流仍有限，突然出現大量移工，可能會引發心理衝擊；若民間還沒有做好接納的準備，很可能因為文化差異而衍生出誤解或歧視，反而不利雙邊關係的深化及長遠進展。

第五，政府若要推動此計畫，勢必要增加駐館及主管單位的審查人力，以確保作業品質。也應就執行計畫先諮詢印度、移工等領域的專業機構或人士，以避免立意良好的政策淪為急就章。

印度移工來台，兩類反對意見

其實，台印早在二〇一七年就開始協商引進移工的議題。印度台北協會會長葉達夫（Yadav）在二〇二三年九月十二日拜會行政院長陳建仁時，也公開透露台印正在協商移工等相關協議。此事件在國際媒體《彭博社》報導後，突然在台灣社群媒體發酵，甚至有人醞釀發動抗議遊行。

概括來說，反對人士的意見大概分為兩類。

第一類意見認為不該以引進外籍移工的方式來規避台灣的低薪問題。因此反對增加新的移工國家，要求先改善台灣勞動環境、保障移工權益及改善犯罪問題等。

第二類的意見則是針對印籍勞工給予歧視性的評價。認為印度移工的素質不高，將帶來性犯罪等問題，破壞台灣社會的治安。

名詞解說

種族主義（Racism）

一種極右的意識型態，主張人種會直接決定能力、智商、性情等，認為某些種族就是比較優越。種族主義會直接衍生出「種族歧視」，進而有辱罵、輕蔑等行為，易造成社會的分歧，並侵犯基本人權。

皮尤研究中心（Pew Research Center）

美國民調機構與智庫，總部在美國華府，於二〇〇四年建立，主要研究領域是美國與全球議題，以支持政策倡議。

事實上，一些印度學者也注意到此起爭議事件，並指出「種族主義」（Racism）對台印合作帶來負面影響。有些文章甚至批評，台灣雖是科技強國，但也多次對印度人和東南亞人顯露出公然的種族主義作爲，這其實是很嚴重的指控。換言之，從這些印度評論者的角度來看，這起移工抗議事件顯示出台灣社會內部確實有歧視印度的種族主義心態。

台印相互理解有限，小心負面風向

因此，我們不禁要問：在推動新南向政策多年之後，爲何台灣社會內部仍然對印度存有刻板的歧視或歧見？

首先，台灣與印度之間的瞭解本來就相當有限。智庫**「皮尤研究中心」**（Pew Research Center）在二〇二三年八月**的民意調查中發現，四三%的印度受訪者對台灣持負面觀感，只有三七%表達好感。**

許多學者質疑這份民調的可靠性，認爲其實多數的印度受訪者可能並不眞的認識台灣。同樣的情況也出現在台灣對印度的理解上。台灣與印度的民間交流遠不如與日、韓、東南亞等國家，對於印度的語言、宗教、文化都較爲陌生，甚至有一層心理隔閡。在缺乏適當理解的前提下，就容易衍生誤解、歧見，甚至被特定資訊「帶風向」。

印度菜重視香料，多咖哩，口味較重。若台灣企業想引進印度移工，必須特別注重伙食的菜色。

新南向政策以人爲本，強化對印認識

其次，新南向政策雖然強調「以人爲本」，迄今並未產生預期的效益。在社會基礎薄弱的前提下，政府的角色和功能就更加重要。但台灣迄今沒有成立印度或南亞的研究系所，也未專注培養本土的印度人才，在政府的新南向智庫中，也沒有本國的印度研究人員。

換言之，印度這一個人口第一大國完全消失在台灣的高等教育地圖中，不符印度國際影響力上升的現狀。因此，台灣社會對於印度的認識缺乏前述的民間社會交流及學術研究基礎，資訊多半來自於破碎新聞事件的拼貼，以此建構出對印度的心理想像。一般民衆看到的印度便可能是由性侵報導、印度神童預言等獵奇新聞資訊所組合出來的印度，但這個想像的印度與實際的印度當然有不小的落差。

正本清源之道，仍是要強化台灣社會對印度的認識。除了設立印度研究系所等基礎政策之外，兩國社會也要強化人員和文化交流，包括觀光、學生營隊、參訪、建立姊妹校、姊妹縣市等等，都是有益的措施。我們不必拿放大鏡去檢視印度的社會問題，而是要找出台印之間互惠的合作議題。在此邏輯下，引進印度移工便是對雙方互利的政策方向，只要循序漸進及配合相關配套措施，將有助雙方實質關係的進展。

印度人才不局限在藍領，白領高階人力也備受國際企業歡迎。台灣的新南向政策中，亟須將印度這塊重要拼圖補齊，台印學術交流也有待加強。圖為印度學生在化學實驗室中進行實驗。

義大利

義大利退出「一帶一路」，經貿與外交雙考量

義大利將北京視為在非洲的競爭者，屬意跟印度一起合作，故而斷開「一帶一路」。

文／張孟仁

政壇檢討：加入一帶一路是「即興而殘暴」

二〇一九年三月，義大利在前總理孔特（Giuseppe Conte）和民粹主義政黨五星運動（Movimento Cinque Stelle）主導下，成爲七國集團（G7）中首個加入「一帶一路」的國家，然而現任總理梅洛尼（Giorgia Meloni）早已在二〇二二年大選前即高呼不續簽「一帶一路」。

梅洛尼爲了向美國表達堅定回歸西方，不時呼籲支持台灣，並與台灣駐羅馬代表合照。梅洛尼自己抱持強烈「大西洋主義」立場，且深知續簽協議與中國貿易徒然增加赤字，不利於義大利。不續簽「一帶一路」，除了是因爲在經貿上沒有效果之外，其實外交盤算才是梅洛尼的眞正考量。

義大利是G7在二〇一九年唯一加入「一帶一路」的國家，中右派政府不續簽協議的立場極爲明顯，特別是總理梅洛尼的義大利兄弟黨。其黨員歐洲議會議員菲丹扎（Carlo Fidanza）在二〇二三年四月告訴歐洲媒體EURACTIV，「義

大利的基礎設施和戰略產品絕不能落入外國人手中，更不能落入中國人手中。」義大利兄弟黨創始人之一，國防部長克羅塞託更將加入「一帶一路」的決定定義為「即興而殘暴」，敦促義大利政府能夠在不損害與北京關係的情況下「回頭」。

總理梅洛尼的不續簽立場也顯示在二〇二三年九月舉行的二十大工業國（G20）峰會，會議結束時她曾提過義大利高層已被「邀請」參加「一帶一路」高峰會，最後卻未派義大利高層出席，後續則讓副總理兼外交部長赴北京疏通。梅洛尼同時在G20峰會期間知會中國總理李強，義大利會軟性退出協議。

遠中：布局大非洲，印度是合作好對象

事實上，梅洛尼的「遠中」是瞄準了其非洲戰略「馬泰伊計畫」（義大利能源集團ENI創始人名字）。梅洛尼在G20與印度領導人舉行了雙邊會晤，時值中印邊境糾紛。她讚許印度峰會成功，同印度推動非盟加入G20，將印度視為全球南方集團的理想領導者，共同推動許多國家參與義大利的「馬泰伊計畫」，支持非洲，藉由非洲的石油和天然氣供應，解決義大利能源、移民等問題。

換言之，梅洛尼將北京視為在非洲的競爭者，屬意跟印度一起合作。斷開「一帶一路」能跟西方和印度表達義大利的立場，力求把歐美印拉進梅洛尼的非洲戰略，共同經營非洲。一來，義大利可以回歸成為地中海守護者；二來，義大利也

義大利前總理孔特與中國簽署一帶一路提倡諒解備忘錄，曾引起義大利國內反對的聲浪。

將成爲非洲能源進入歐盟的要站，並緩解移民問題。

義大利之後的外交路徑將依循歐盟原則，將中國定義爲「系統性競爭對手」，但在全球競爭中保持非敵對關係，將根據這兩種需求做出選擇。

此外，梅洛尼的大西洋主義將更加發酵。台灣應嘗試在義大利轉向之際，繼米蘭成功設處後，再次尋找突破點。

黃金陣容作者群（按姓氏筆畫排列）

方天賜　清華大學通識中心副教授兼印度中心副主任
李世暉　政治大學日本研究學位學程教授、台灣日本研究院理事長
邱師儀　東海大學政治學系教授
巫仰叡　「巫師地理」粉專社群版主
張孟仁　輔仁大學義大利語系副教授兼系主任、外交暨國際事務學程召集人
湯智貿　東吳大學政治學系助理教授
歐錫富　國防安全研究院中共政軍與作戰概念研究所研究員兼所長
黃恩浩　國防安全研究院國防戰略與資源研究所副研究員
翟文中　國防安全研究院國防戰略與資源研究所助理研究員
劉必榮　東吳大學政治學系教授
魏錫賓　《自由時報》財經週報執行長
柯筆辰　資深國際時事觀察人
陶雨融　資深國際時事觀察人
林俊宇　資深國際時事觀察人

地緣政治筆陣徵文

對國際關係有獨到見解嗎？「地緣政治筆陣」單元邀請您抒發己見，腦力激盪。

不限地緣區域與議題，來稿文長以八百字或一千二百字為宜，本社擁有編輯與刪改權，不願刪改者請特別註明。本單元亦接受漫畫投稿，請以 JPG 格式傳送。恕不接受一稿多投。

來信主旨請註明「地緣政治筆陣徵文」，並附真實姓名、身分證字號、職業、通訊地址及戶籍地址（包括區里鄰）、聯絡電話、銀行帳號（註明分行行名）、E-mail 帳號。刊登前將以 E-mail 通知；刊出後，稿費作業將專函聯繫。

徵文信箱：crystal@bookrep.com.tw

印度航向強國夢，
未來似乎壯麗無比，
崛起航程卻也辛苦異常。
印度到底會一路順水行舟，或是最終進水沉船，
關鍵在於能否突破地緣政治的糾結，
以及解決百廢待舉的國內建設。

Geopolitics 地緣政治 002

地緣政治：

印度新強權

經濟╳活力╳碰撞，在全球劇變中左右逢源，又令人左右爲難

作　　者／劉必榮、李世暉、方天賜、歐錫富、黃恩浩、翟文中、張孟仁、湯智貿、
邱師儀、魏錫賓、巫仰叡、陶雨融、柯筆辰、林俊宇
總 編 輯／林奇伯
主　　編／林俊宇
責任編輯／鍾秀美
文稿校對／詹宜蓁
美術編輯／林家琪
封面設計／韓衣非
圖像授權／達志影像

出　　版／明白文化事業有限公司
地址：231 新北市新店區民權路 108-3 號 6 樓
電話：02-2218-1417　傳真：02- 8667-2166
發　　行／遠足文化事業股份有限公司（讀書共和國出版集團）
地址：231 新北市新店區民權路 108-2 號 9 樓
郵撥帳號：19504465 遠足文化事業股份有限公司
電話：02-2218-1417
讀書共和國客服信箱：service@bookrep.com.tw
讀書共和國網路書店：https://www.bookrep.com.tw
團體訂購請洽業務部：02-2218-1417 分機 1124
法律顧問／華洋法律事務所 蘇文生律師
印　　製／博創印藝文化事業有限公司

出版日期／ 2024 年 4 月初版二刷
定　　價／ 360 元
I S B N ／ 978-626-97577-7-0（平裝） 9786269757732（EPUB）
書　　號／ 3JGE0002

國家圖書館出版品預行編目 (CIP) 資料

地緣政治 : 印度新強權 經濟 X 活力 X 碰撞 , 在全球劇變中左右逢源 , 又令人左右為難 / 林奇伯總編輯 . -- 初版 . -- 新北市 : 明白文化事業有限公司出版 : 遠足文化事業股份有限公司發行 , 2024.01　面 ;　公分 . -- (Geopolitics 地緣政治 ; 2)
ISBN 978-626-97577-7-0(平裝)1.CST: 地緣政治 2.CST: 國際關係 3.CST: 戰略 4.CST: 印度
571.15　　112012566